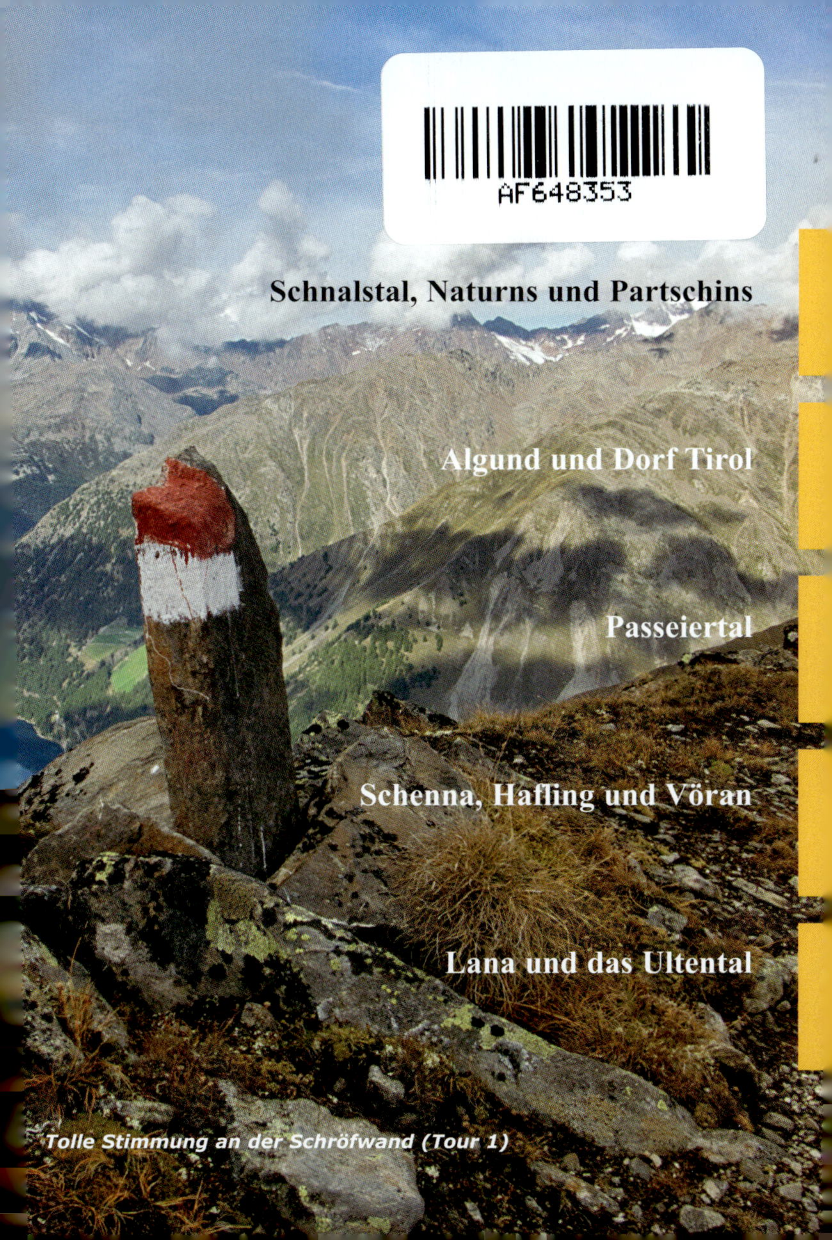

Schnalstal, Naturns und Partschins

Algund und Dorf Tirol

Passeiertal

Schenna, Hafling und Vöran

Lana und das Ultental

Tolle Stimmung an der Schröfwand (Tour 1)

Meraner Land

Die Autoren und der Verlag sind für Lesertipps und Verbesserungen (besonders per E-Mail) unter Angabe der Auflagen- und Seitennummer dankbar.

Dieses OutdoorHandbuch hat 160 Seiten mit 58 farbigen Abbildungen, 32 farbigen Kartenskizzen im Maßstab 1:50.000/1:75.000 sowie 32 farbigen Höhenprofilen und einer farbigen, ausklappbaren Übersichtskarte. Es wurde auf chlorfrei gebleichtem Papier gedruckt, in Deutschland klimaneutral hergestellt und transportiert und wegen der größeren Strapazierfähigkeit mit PUR-Kleber gebunden.

Klimaneutral
Druckprodukt
ClimatePartner.com/53106-2205-1001

Dieses Buch ist im Buchhandel und in Outdoor-Läden erhältlich und kann im Internet oder direkt beim Verlag bestellt werden.

OutdoorHandbuch Band 391

ISBN 978-3-86686-513-6 1. Auflage 2022

Text: Janina Rauscher und Markus Meier
Fotos: Janina Rauscher, Markus Meier und Lisa Bahnmüller
Karten: Dieter Großelohmann
Lektorat & Layout: Anna-Lena Ebner

Gesamtherstellung: AZ Druck und Datentechnik GmbH, Kempten

Dieses OutdoorHandbuch wurde konzipiert und redaktionell erstellt vom:

Conrad Stein Verlag GmbH, Kiefernstr. 6, 59514 Welver,
☏ 023 84/96 39 12,
info@conrad-stein-verlag.de,
www.conrad-stein-verlag.de

Besuchen Sie uns bei Facebook & Instagram:

www.facebook.com/outdoorverlag

www.instagram.com/outdoorverlag

Titelfoto: Schöner Blick in die Sarntaler Alpen (Tour 9)

Inhalt

☺ Eine **Übersichtskarte** des Weges, **Autorenprofil** sowie eine Liste aller verwendeten **Symbole** in diesem Buch finden Sie auf den vorderen und hinteren Umschlagseiten bzw. -klappen.

Wandern im Meraner Land

Das Meraner Land lässt sicherlich das Herz vieler Wanderinnen und Wanderer höherschlagen, gehört es doch zu den vielfältigsten Wanderregionen in Südtirol, die für jeden Geschmack eine herrliche Tour bietet.

Um die zentrale Stadt Meran erstrecken sich viele Obstplantagen und Weinberge. Hier können Sie ganzjährig wandern und sich an dem milden Klima erfreuen. Ganz oben dominiert dann die Fels- und teilweise auch Eisregion das Landschaftsbild. Dazwischen finden sich sowohl herrliche Almwiesen als auch steileres Waldgelände.

Das liebliche Meraner Becken ist von verschiedenen und manchmal wilden Gebirgsgruppen umgeben. Im Südwesten erheben sich die Fels- und Eisberge der berühmten Ortlergruppe.

Im Nordwesten steht die wilde Texelgruppe und im Nordosten die sanfteren Sarntaler Alpen. Diese Gebirgsgruppen sind durch das Passeiertal getrennt, das bis zum Timmelsjoch hinaufzieht. Zum Timmelsjoch können Sie mit dem Auto hinauffahren. Im hinteren Teil des Passeiertales treffen Sie auf die Ötztaler Alpen und die Stubaier Alpen.

Alle diese Gebirgsgruppen um Meran bieten großartige und vom Charakter her sehr verschiedene Wandermöglichkeiten. Neben den Wanderungen durch Weinberge und Obstplantagen finden Sie in Talnähe auch viele Waalwege. Waale sind Bewässerungskanäle, die meist schon vor langer Zeit in der Region angelegt wurden. Da die Niederschläge hier oft ausbleiben, braucht man dort bis heute eine künstliche Wasserzufuhr. Um diese alten Kanäle warten zu können, hat man in direkter Nachbarschaft Wege angelegt. Diese oft romantischen Wege sind heute beliebte Wanderstrecken.

Die Sarntaler Alpen locken mit schönen Gipfel- und Almwanderungen. Vor allem das Plateau von Hafling und Vöran ist ein fabelhaftes Tourengebiet. Hier finden sich leichte, kurze Touren, gerade im Bereich von Meran 2000, aber auch ordentlich lange Wege gilt es zu erkunden. Und das Beste an diesen Touren? Alle Wanderungen weisen eher nicht zu große Schwierigkeiten auf.

Anspruchsvoll sind dagegen die Wege in der Texelgruppe, gerade wenn sie in Richtung Spronser Seen verlaufen. Dieses einmalige landschaftliche Kleinod müssen Sie sich auf langen Wegstrecken und mit einigem Schweiß erarbeiten. Hütten und Almen bieten aber die Möglichkeit, die Touren auf zwei Tage zu verteilen. Gemütlich sind die Wege in Talnähe, wie die Waalwege bei Algund und Kuens, oder Wege am Naturnser Sonnenberg und über Partschins. Das Schnalstal können Sie mit der spannenden Gipfeltour auf die Schröfwand besuchen.

Wild ist das Passeiertal. Aber auch hier sind einfache, gemütliche Wanderungen wie die Tour zur Seeberalm oder zur Gletschermühle von Platt im Angebot. Aber auch anspruchsvolle Gipfeltouren fehlen nicht, wie zum Beispiel die zur wilden Kolbenspitze.

Das Ultental übt irgendwie einen besonderen Reiz aus. Es liegt schon etwas abseits, lockt mit einer großartigen Talwanderung, interessanten Almwanderungen, aber auch mit imposanten Gipfeln. Es zieht von Lana, das südlich von Meran liegt, hinein in die Ortlergruppe. Wir haben uns entschieden, das Hasenöhrl als mächtigen Gipfel dieses Tales in diesem Buch aufzunehmen. Am Taleingang wartet noch das Vigiljoch, dessen Plateau Sie mit einer Seilbahn erreichen können. Und etwas abseits bei Proveis steht die aussichtsreiche Laugenspitze.

Insgesamt haben wir das Buch in fünf Regionen aufgeteilt:

Wir beginnen mit der Region des Schnalstals, Naturns und Partschins. Damit setzt diese Region am Ende des Vinschgaus an und ist somit der westlichste Teil des hier vorgestellten Gebietes.

Danach folgt die Region um die Orte Algund und Dorf Tirol. Hier finden sich lange, anspruchsvolle Wanderungen in die Texelgruppe, aber auch gemütlichere Waalwege. Als Nächstes schließt das Passeiertal an, wo Sie vorrangig zu Almen und Gipfeln wandern. Östlich, oberhalb von Meran, liegt Schenna, mit dem gemütlichen Waalweg und dem Wandergebiet Taseralm, sowie das Hochplateau Hafling und Vöran. Den Abschluss bildet das wunderschöne Ultental.

Dabei fällt auf, dass Meran selbst nicht auftaucht. Die Stadt ist das Zentrum der Region und seit vielen Jahren ein beliebtes Urlaubsziel. Selbst die österreichische Kaiserin Sissi verbrachte gerne ihren Urlaub in der Stadt. Wanderungen beginnen aber eher in den Seitentälern oder benachbarten Orten, die aber allesamt von Meran mit dem Bus gut erreichbar sind. Sie können sich aussuchen, ob Sie sich im Urlaub auf eine der verschiedenen Regionen konzentrieren oder zentral in Meran bleiben möchten. Oder Sie kommen einfach wieder?

Dann können Sie tagsüber die wunderbaren Wanderungen und danach noch die Stadt mit ihrem Flair sowie die entspannende Therme genießen. Wichtige Freizeitmöglichkeiten wie die Therme und den Tappeinerweg haben wir an geeigneter Stelle im Buch aufgeführt.

Bei der Auswahl der Wanderungen lag uns am Herzen, eine besonders abwechslungsreiche Zusammenstellung zu gestalten. Von Panoramatouren auf schönen Höhenwegen und Touren zu eindrucksvollen Gipfeln und gemütlichen Almen über spannende Bergwege bis hin zu gemütlichen Wanderungen in Talnähe wird Ihnen alles im Buch geboten. Auch von der Schwierigkeit her variieren die Wanderungen in diesem Buch – es gibt einfache bis hin zu anspruchsvollen, sportlichen Touren. Es erwarten Sie einsame, ruhige Ecken genauso wie stärker frequentierte Ziele. Dabei wandern Sie eigentlich immer auf markierten Wegen.

Allen Lesern wünschen wir viel Freude beim Wandern und Entdecken des Meraner Landes.

Janina Rauscher und Markus Meier

Reise-Infos

Anreise

Meran ist mit dem Auto gut zu erreichen. Auf der Brennerautobahn fahren Sie von Innsbruck kommend über den Brennerpass und weiter in den Süden bis nach Bozen. Hier folgen Sie der Autobahn bis nach Meran. Weitere Anreisemöglichkeiten bestehen vom Westen über den Reschenpass und das Vinschgau oder von Norden durch das Ötztal in Tirol über das mautpflichtige Timmelsjoch. Diese Straße ist ein besonderes Erlebnis, allerdings nur im Sommer geöffnet. Bei allen Wanderungen gibt es ausreichende Parkmöglichkeiten. Allerdings kann es bei einem (zu) späten Beginn der Wanderung am Mittag schon einmal voll werden.

Meran ist als zentraler Standort eine gute Option. Schön ist es aber auch, wenn man sich eine Teilregion aussucht und dort ein paar Tage bleibt.

Mit dem Zug ist Meran von Deutschland über Innsbruck, den Brennerpass und Bozen sehr gut erreichbar.

Verkehrsmittel

Von Meran aus fahren die Busse zu den in diesem Buch vorgestellten Wanderungen ab. Die meisten Wanderungen sind mit öffentlichen Verkehrsmitteln gut zu erreichen. Unter 💻 www.suedtirolmobil.info gibt es eine Online-Fahrplanabfrage, außerdem können Sie die dazugehörige App downloaden.

In den teilnehmenden Unterkünften der Region erhalten Sie die MeranCard. Mit dieser können Sie alle öffentlichen Verkehrsmittel in Südtirol kostenlos nutzen. Es gibt auch Vergünstigungen bei einigen Seilbahnen.

Standorte und Unterkünfte

Für die Wanderungen bietet sich eine große Anzahl an Unterkünften für alle Ansprüche und finanziellen Möglichkeiten. Sie können zwischen Jugendherbergen, einfachen Pensionen bis zu Luxushotels wählen. Auch Campingplätze finden Sie in der Region. Für längere Aufenthalte lohnt sich eine Ferienwohnung.

Eine schöne Möglichkeit, Unterkünfte im Meraner Land zu buchen, ist die Plattform Roter Hahn für Unterkünfte auf dem Bauernhof: 💻 www.roterhahn.it.

Die Tourismusregion hat eine zentrale Internetseite:
💻 www.merano-suedtirol.it/de/meraner-land.html. Hier finden Sie auch Unterseiten zu den jeweiligen benachbarten Orten.

Wanderinfrastruktur

Die Region um Meran ist eine sehr beliebte Wanderregion in Südtirol. Dementsprechend gut ausgebaut ist das Wegenetz. Es reicht von einfachen Spazierwegen bis zu anspruchsvollen Wanderwegen im Hochgebirge. Alle Wanderwege in diesem Buch sind gut markiert und ausgeschildert. Lediglich der kurze Weg auf den Spieler ist auf den letzten Metern weglos.

Hütten und Almen

Durch die Beliebtheit dieser Wanderregion finden Sie hier viele Hütten und Almen, die zur Einkehr einladen. Während der Hauptwandermonate Juli bis September haben alle Hütten und Almen geöffnet. Manche öffnen auch schon früher im Jahr und haben auch noch länger in der Saison geöffnet. Wir haben uns bemüht, möglichst viele Informationen anzugeben. Nicht immer ist es uns aber gelungen, genaue Öffnungszeiten zu erfragen. Stehen nur Monate bei einer Hütte oder Alm, so können Sie davon ausgehen, dass sie im Sommer tagsüber täglich geöffnet hat. Gerade wenn es auf der Hütte eine Übernachtungsmöglichkeit gibt, hat sie meistens bereits am Morgen geöffnet.

Klima und Reisezeit

Die Wanderzeit im Meraner Land ist im Prinzip ganzjährig. Allerdings müssen Sie Ihre Tourenauswahl an die jeweiligen Verhältnisse anpassen: Während manche Wanderungen im Tal ganzjährig möglich sind, sind die höheren Wege nur im

Sommer gut zu begehen. Aber auch der Herbst bis Mitte/Ende Oktober ist noch eine herrliche und häufig genutzte Wanderzeit.

Gerade im Frühsommer treffen Sie bei höheren Wegen häufig auf Schneefelder, besonders bei den nordseitigen Touren, die etwas Vorsicht erfordern.

Karten und GPS

Für die hier vorgestellten Wanderungen reicht die Kompasskarte 53 Meran und Umgebung im Maßstab 1:50.000 aus. Für das Schnalstal empfiehlt sich die Karte Nr. 52 Vinschgau.

Diese Karten sind in Buchhandlungen vor Ort erhältlich und können über den Buchhandel bestellt werden.

Weitere empfehlenswerte Karten im Maßstab 1:25.000 sind vom Tabacco Verlag. Durch den Maßstab benötigen Sie aber mehrere Blätter.

Folgende sind empfehlenswert:

▷ 04 Schnalstal
▷ 011 Meran und Umgebung
▷ 039 Passeiertal
▷ 042 Ultental

☺ Die Kartenempfehlungen wurden von der Geobuchhandlung Kiel überprüft. 💻 www.geobuchhandlung.de

Die GPS-Tracks zu den in diesem Buch beschriebenen Wanderungen können Sie auf der Seite des Verlags (💻 conrad-stein-verlag.de) herunterladen.

📖 Tipps zum Umgang mit dem GPS-Gerät finden Sie in dem Ratgeber „**GPS** – Grundlagen · Tourenplanung · Navigation“ von Michael Hennemann, Conrad Stein Verlag, ISBN 978-3-86686-495-5, € 9,90.

Wandern mit Kindern

In der Region Meran finden sich sanfte Wanderwege zu Hütten, Almen und einfachen Gipfeln, aber auch anspruchsvolles Gelände in den höheren Lagen. Dementsprechend unterschiedlich sind die einzelnen Wege. Manche Touren führen durch steiles und felsiges Gelände oder sind relativ lang. Sie sind also eher für ältere und trittsichere Kinder geeignet. Die abwechslungsreichen Wege werden

den Kindern sicher viel Spaß machen. Familien mit kleinen Kindern finden auch kürzere Wege, die allerdings eher selten für den Buggy geeignet sind.

Wandern mit Hunden

Die Region um Meran ist ein ideales Wandergebiet für vierbeinige Wanderpartner. Bitte überfordern Sie Ihren Hund bei der Auswahl der Strecke nicht, besonders an heißen Sommertagen. Durch kleine Abstecher rechts und links des Weges läuft er ja viel weitere Strecken als Sie. Einpacken sollten Sie ein Hundehandtuch, wenn Sie nach einem Badeausflug des Hundes oder an einem Regentag in einer Gaststätte einkehren wollen. Natürlich nimmt der verantwortungsvolle Hundehalter die Hinterlassenschaften seines Hundes mit. Auf Almwiesen mit frei laufenden Kühen sind Hunde anzuleinen.

Updates

Der Conrad Stein Verlag veröffentlicht Updates zu diesem Wanderführer, die direkt von der Autorin und dem Autor oder Leserinnen und Lesern des Buches stammen. Sie finden diese auf der Verlagshomepage 💻 conrad-stein-verlag.de.
Der abgebildete QR-Code führt Sie direkt dorthin.

Schnalstal, Naturns und Partschins

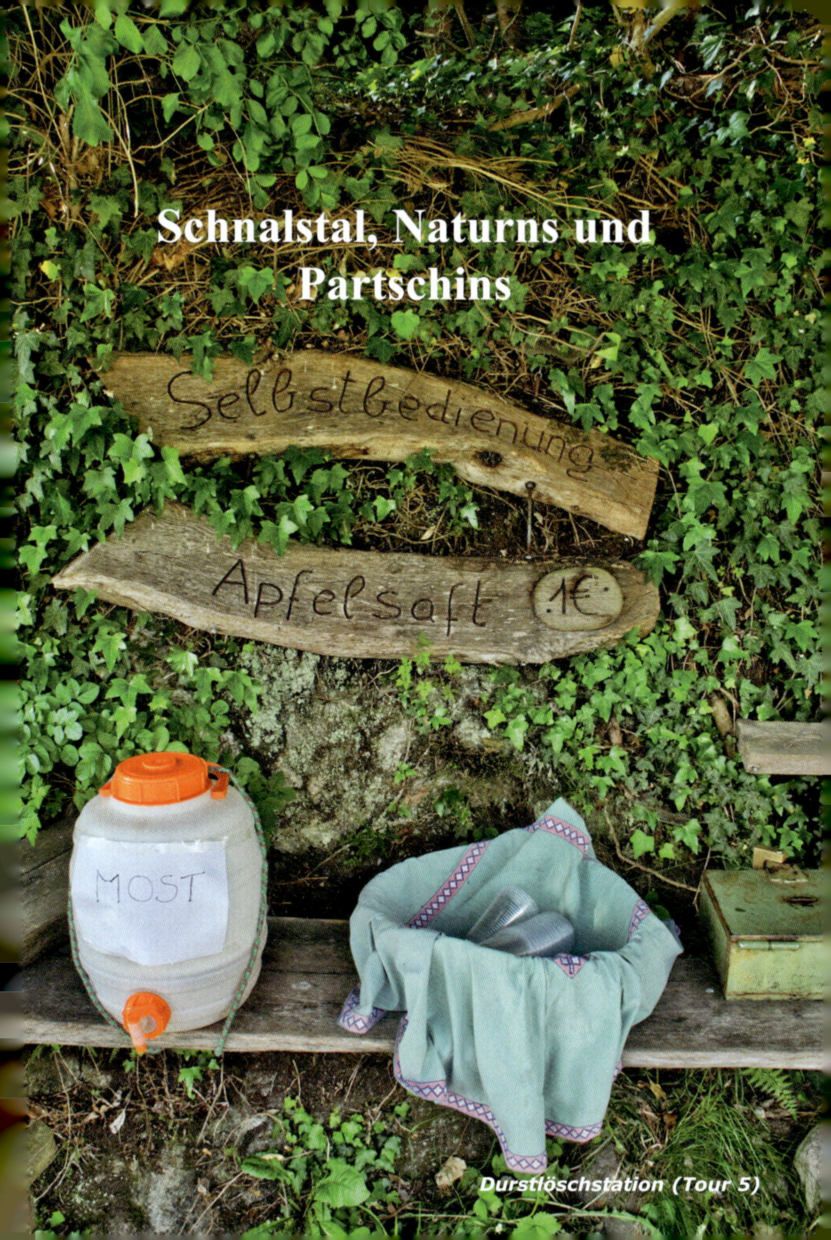

Durstlöschstation (Tour 5)

① Zur Schröfwand im Schnalstal

Tour für Liebhaberinnen und Liebhaber von Tiefblicken

Direkt oberhalb vom dunklen Vernagtstausee ragt ein Gipfelkreuz in den Himmel. Kaum zu glauben, dass ein relativ einfacher Weg direkt hinauf zum höchsten Punkt dieses himmlischen Gipfels führt. Gleichzeitig können Sie schon erahnen, wie eindrucksvoll die Aussicht von oben auf das Tal und den Stausee sein wird.

- Start/Ziel: Vernagt, Parkplatz am Stausee, GPS N 46°44.101' E 010°50.555'
- 10,7 km
- 6 Std.
- 1.116 m/1.116 m
- 1.696-2.809 m
- Der Weg ist gut ausgeschildert und mit rot-weißen Markierungen (Weg Nr. 18) versehen.
- Im unteren Bereich einfache Wanderwege. Das Gelände wird nach oben hin immer steiler und der Weg schmaler. Der Anstieg ist nicht besonders schwer, erfordert aber trotzdem etwas Trittsicherheit.
- unterwegs keine Einkehr, daher Brotzeit mitnehmen; im Tal mehrere Einkehrmöglichkeiten, z. B. kurzer Abstecher zu Fuß zum urigen Tisenhof oder mit dem Auto zum historischen Finailhof
- Die schönste Möglichkeit für eine Pause ist am Gipfel (km 5,4). Zwischendurch ist das Gelände flacher (km 3,6 und 7,1). In der Umgebung einer kleinen Hütte bei dieser Geländeverflachung kann man ebenfalls schön eine Pause machen.
- Aufgrund der Steilheit ist der Weg nur für bergerfahrene Kinder ab 14 Jahren geeignet. Das Gelände macht dann aber ziemlichen Spaß.
- Die Wanderung ist für größere Hunde gut geeignet. Auf der Kuhweide sollten Sie Ihren Hund bitte anleinen.
- P Parkplatz am Stausee Vernagt im Schnalstal
- von Meran mit dem Bus Nr. 261 im Stundentakt nach Vernagt

Vom **P** Parkplatz am dunklen Stausee gehen Sie kurz auf der Fahrstraße ein Stück talauswärts und folgen dann der nach links abzweigenden Teerstraße. Die Schröfwand ist hier bereits gut ausgeschildert. Die Straße führt hinauf zum Tisenhof, in dem Sie nach der Wanderung wunderbar einkehren können. Sie verlassen die Straße an der ersten Linkskurve ❶ und biegen nach rechts auf eine Schotterstraße ab. Auf dieser spazieren Sie flach bis zu einem Bach, den Sie überqueren.

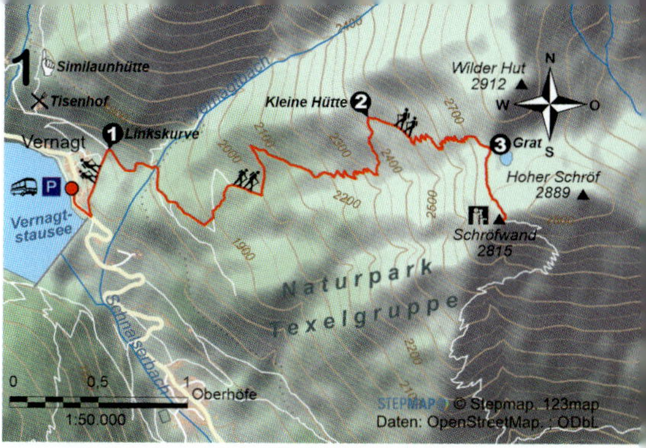

Sie tauchen in den Wald ein und wandern auf der Straße weiter bergauf zu einem Gatter. Durch dieses gehen Sie hindurch und biegen danach gleich nach links auf einen schmaleren Steig ab. Auf diesem kürzen Sie eine Kehre der Schotterstraße ab.

Nun folgen Sie wieder kurz der Straße, verlassen Sie aber bald schon wieder nach links auf einen Steig. Dieser zieht durch lichten Wald bergauf bis zu einem Trinkbrunnen. Häufig weiden hier Kühe.

Danach schlängelt sich der Weg gemütlich in weiten Kehren durch den Wald bergauf. An einer Stelle bietet sich Ihnen ein wunderbarer Blick auf die Nockspitze, die fast schon bedrohlich auf der gegenüberliegenden Talseite aufragt.

Ab hier wird das Gelände steiler. Der Wald lichtet sich immer mehr und verschwindet bald völlig. Der kleine, gut markierte Steig bringt Sie steil und schweißtreibend bergauf bis zu einer Geländeverflachung ❷ mit einer kleinen Hütte. Die ganze Zeit über sehen Sie schon das Gipfelkreuz heruntergrüßen. Irgendwie scheint es schon zum Greifen nah, aber ein Blick auf die Karte zeigt, es liegt doch noch ein Stück Weg vor Ihnen.

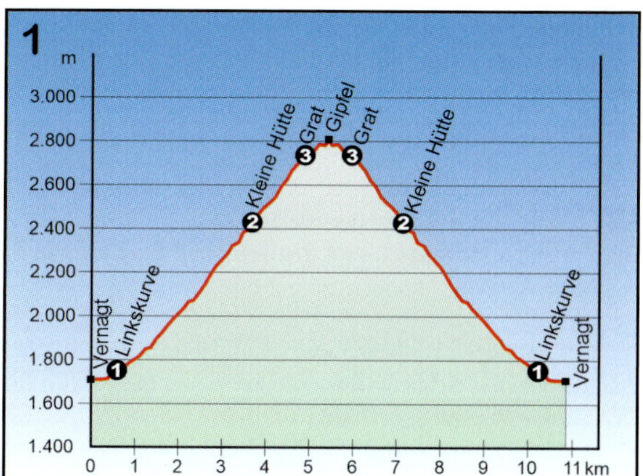

Nun erwartet Sie eine lange Querung nach rechts. Das Gelände wird immer steiler und Sie wandern weiter bergauf zu einem Graben, den Sie nach rechts überqueren.

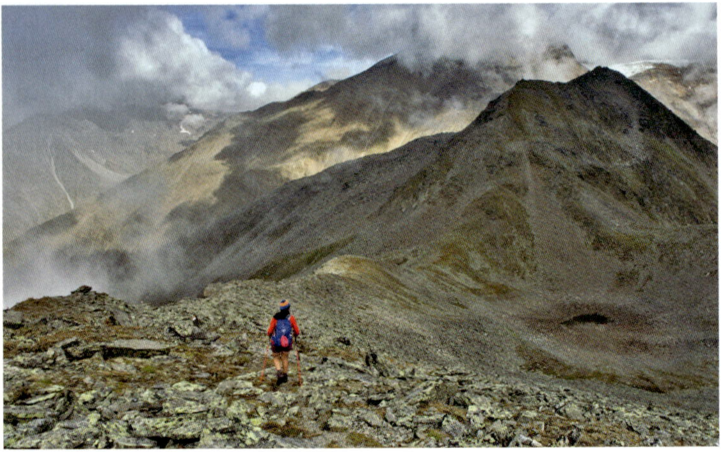

Der sanfte Gipfelrücken

Der Steig bringt Sie zu einem steilen Rücken, über den Sie weiter aufsteigen. Bald haben Sie einen guten Blick auf den Gipfelgrat. Der Weg quert nach rechts in Richtung Grat. Dabei tänzeln Sie quasi über ein großes Feld mit Felsblöcken.

Sie erreichen den breiten und gutmütigen Grat ❸. Über die großen Blöcke steigen Sie bergauf bis in die Senke vor dem Gipfelkreuz. In einem kleinen Rechtsbogen erreichen Sie dann das große Kreuz auf der sensationellen Schröfwand.

Beeindruckend ist der Tiefblick hinunter zum Vernagtstausee. Und der Blick reicht weit hinaus bis zu den Fels- und Eisgipfeln im Schnalstal. Sogar die mächtige Weißkugel können Sie gut erkennen.

Hier am Gipfel nehmen Sie sich ausgiebig Zeit, dieses herrlich wilde Panorama zu genießen. Schließlich packen Sie wieder alles in den Rucksack und machen sich an den Rückweg.

Für den Abstieg wählen Sie den Anstiegsweg hinunter zum **P** Parkplatz am Vernagtstausee. Gerade im oberen, steilen Teil sind Sie achtsam und vorsichtig.

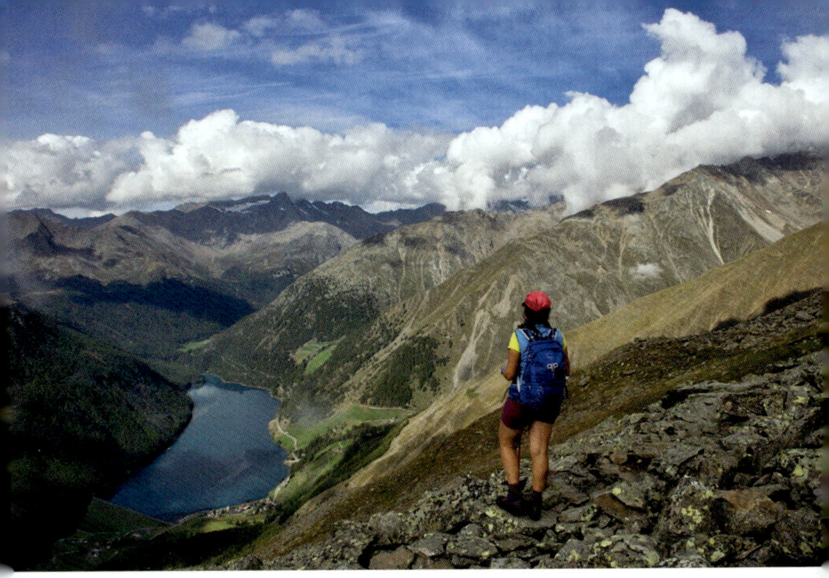

Toller Ausblick vom Abstieg ins Tal

Zu guter Letzt, wenn Sie fast wieder unten am Auto sind, nehmen Sie die Straße hinauf zum Tisenhof und gönnen sich eine verdiente Einkehr.

Tisenhof, Vernagt 14, 39020 Schnals, ☏ +39/04 73/66 97 90, 10:00-18:00

☺ Eine weitere Einkehrmöglichkeit, den Finailhof, erreichen Sie mit dem Auto an der Nordwestseite des Vernagt-Stausees. Oder Sie nutzen den unten beschriebenen Talweg.

Finailhof, Vernagt 9, 39020 Schnals, ☏ +39/04 73/66 96 44, 10:00-19:00

☺ Das Schnalstal erleben

Das verborgene Schnalstal reicht von den Weinbergen am Schloss Juval bis zu den Gletschern im hinteren Tal. Über Jahrhunderte handelte es sich um ein einsames, abgeschiedenes Tal. Erst mit dem Bau der Gletscherseilbahn 1972 kam der Tourismus. Wer nicht auf einen Gipfel möchte, der kann das Tal zu Fuß erkunden. Hierfür empfiehlt sich die Wanderung von Kurzras nach Vernagt. Sie wandern zuerst auf der Straße ein Stück talauswärts und biegen dann nach links auf den Weg Nr. 7 ab. Dieser führt hoch über dem Stausee zum Finailhof. Der schöne Gebäudekomplex stammt aus dem 15. Jahrhundert. Von hier gehen Sie weiter zum Raffeinhof und Tisenhof (mit Einkehrmöglichkeit). Ab hier führt die Straße hinunter nach Vernagt, von wo Sie mit dem Bus zurück nach Kursras fahren können. (7,6 km, 148 Hm Aufstieg, 462 Hm Abstieg, 2 Std. 30 Min.)

☺ Der Mann aus dem Eis

1991 wurde am Tisenjoch hoch über dem Schnalstal die Mumie von Ötzi gefunden. Sie ist vermutlich über 5.000 Jahre alt und gilt als älteste bekannte natürliche menschliche Mumie. Ötzi zog vermutlich vom Vinschgau in die Berge und hatte einen Bogen, einen Pfeilköcher mit Pfeilen und mehrere Werkzeuge dabei. Durch die flache Lage des Gletschers an dieser Stelle wirkten keine Kräfte auf den Körper, sodass die Mumie so gut erhalten blieb. Heute kann sie im Südtiroler Archäologiemuseum in Bozen besichtigt werden. Wer möchte, kann auf einer langen Wanderung vom Schnalstal zur Fundstelle hinaufsteigen. Hierfür gehen Sie vom Parkplatz am Stausee auf dem Weg Nr. 2 zur Similaunhütte.

✕ Similaunhütte, Vernagt 78, 39020 Schnalstal, ☏ +39/04 73/66 97 11, 💻 www.similaunhuette.com, ✉ info@similaunhuette.com, 🚪 15.06. bis Ende September

Weiter den Markierungen 2A folgend geht es zum Tisenjoch, wo sich die Fundstelle befindet. Landschaftlich ist die Wanderung großartig, aber auch lang und anstrengend. Daher bietet es sich an, in der gemütlichen Similaunhütte zu nächtigen und die Tour so auf zwei Tage aufzuteilen. (14,9 km, 1.520 Hm, 7 Std.)

⌘ Südtiroler Archäologiemuseum, Museumsstraße 43, 39100 Bozen, 💻 iceman.it, ✉ info@iceman.it, 🚪 Di-So 10:00-18:00, Erwachsene € 13, Kinder ab 6 Jahren € 10, Familienkarte € 26 (mit 2 Kindern)

☺ ♜ ⌘ Schloss Juval

Streng genommen liegt das Schloss Juval noch im Vinschgau. Wir möchten es aber nicht unerwähnt lassen, da Sie direkt an der Straße von Naturns ins Schnalstal daran vorbeikommen. Es thront oberhalb des Tals und wurde von Reinhold Messner zum Messner Mountain Museum umgestaltet. Im Schloss befindet sich die Dauerausstellung „Die religiöse Dimension der Berge". Gleichzeitig ist es der Sommerwohnsitz des Extrembergsteigers.

⌘ Schloss Juval, 39020 Kastelbell, 📱 +39/348/443 38 71, 💻 http://www.messner-mountain-museum.it/juval/museum, 🚪 4. Sonntag im März bis 1. Sonntag im November Do-Di 10:00-17:00, Mi Ruhetag (außer Juli und August), € 10 für Erwachsene, € 4 für Kinder, € 22 Familienkarte

② Über den Naturnser Sonnenberg

Tour für Sonnenanbeter und Sonnenanbeterinnen

Der Naturnser Sonnenberg wird, wie der Name sagt, ganzjährig von der Sonne beschienen. Oberhalb von Naturns bietet sich eine nette Runde durch die sonnigen Südhänge an, die tatsächlich fast ganzjährig möglich ist. Für den Abstieg können Sie zu Fuß oder bequem mit der Seilbahn Unterstell ins Tal zurückkehren.

- Start/Ziel: Parkplatz in Naturns unweit der Talstation der Seilbahn, GPS N 46°37.279' E 011°01.533'
- 11,1 km
- 5 Std.
- 878 m/878 m
- 535-1.412 m
- Der Weg ist gut ausgeschildert und mit rot-weißen Markierungen markiert. Der Aufstieg bis kurz vor den Grubhof ist mit der Nr. 6 markiert, der Höhenweg mit 24 und ab der Abzweigung mit 24B. Den Abstieg ab Unterstell begehen Sie auf Weg Nr. 10.
- im unteren Bereich Straßen, ansonsten steile, aber gut zu begehende Steige
- Jausenstation Galmein (km 4,8) und Gasthof Unterstell (km 6,5)
- schöne Sitzmöglichkeiten an Bänken nach dem Grubhof (km 4,4) und an der Seilbahn Unterstell (km 6,5)
- Der Aufstieg ist für größere Kinder ab 10 Jahren geeignet. Der Weg nach dem Grubhof führt durch steiles Gelände. Hier muss man etwas aufpassen. Die Hängebrücke ist spannend.
- Die Wanderung ist für Hunde gut geeignet.
- P Parkplatz unweit der Unterstell Seilbahn
- von Meran mit dem Zug (Vinschgerbahn) im Halbstunden- bzw. Stundentakt nach Naturns

Sie parken Ihr Auto auf dem P Parkplatz in Naturns. Von hier folgen Sie der Hauptstraße ein Stück in östlicher Richtung, bis diese eine Kurve nach rechts macht. Sie gehen nun auf der Straße Am Graben, bis diese nach links in die St. Zeno Straße einbiegt. Hier verlassen Sie die Straße und spazieren weiter auf dem Weg, der entlang des Baches aufwärtsführt. Bei einer Brücke erreichen Sie wieder eine Teerstraße, auf der Sie nach rechts leicht abwärts weitergehen.

Die Straße trifft auf eine Kreuzung. Hier gehen Sie nun auf dem Schlossweg nach links aufwärts. Rechts kommt das Schloss Hochnaturns, das sich in Privatbesitz befindet, in Ihren Blick.

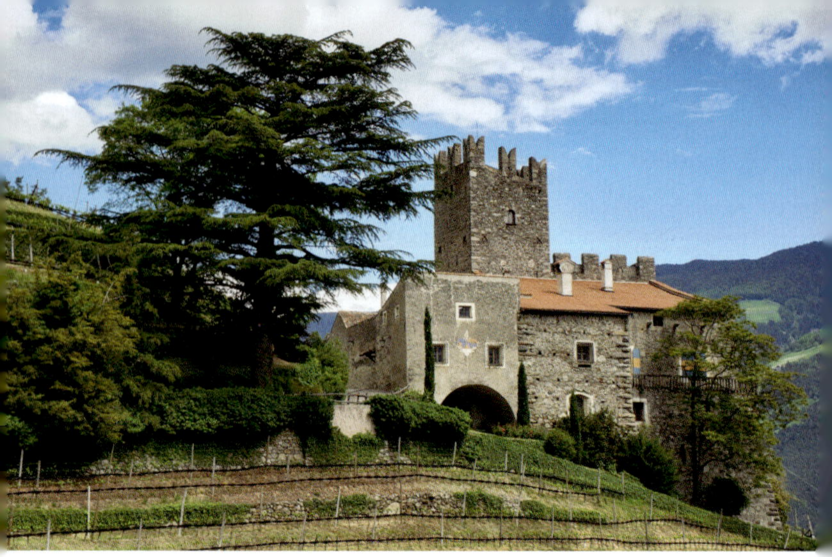

Schloss Hochnaturns

Sie biegen auf die Straße zum Schloss ein und wandern dann gleich weiter auf dem Steig, der durch die Weinberge nach links aufwärtsführt. Sie erreichen den Waalweg ❶, der quer durch die Hänge verläuft. Diesen überqueren Sie und tauchen in einen lichten Wald ein. Der Weg Nr. 6 bringt Sie durch die steilen Hänge zügig und anstrengend bergauf bis zu einer Schotterstraße. Hier können Sie kurz verschnaufen, bevor es weiter bergauf geht.

Sie kreuzen mehrmals eine Straße und wandern weiter aufwärts bis zur nächsten Straße. Der Tiefblick ins Tal ist inzwischen sehr beeindruckend. Sie folgen der Straße kurz nach links bis zu einer Rechtskehre. Hier verlassen Sie die Straße in der Rechtskurve. Ein schmaler Steig führt zum Grubhof ❷ mit seinen Ferienwohnungen. Der Steig bringt Sie am Hof vorbei und in westlicher Richtung durch die steilen Hänge. Hier befinden sich einige Bänke, wo Sie gemütlich eine Pause machen können.

Wenig später erreichen Sie eine eindrucksvolle Hängebrücke, über die Sie hinübertänzeln. Bald danach erwartet Sie wie eine perfekte Belohnung, die Jausenstation Galmein ❸, in der Sie einkehren können.

Jausenstation Galmein, Sonnenberg 41, 39025 Naturns, ☏ +39/04 73/66 81 17, 27.03.-31.12. 9:00-19:00

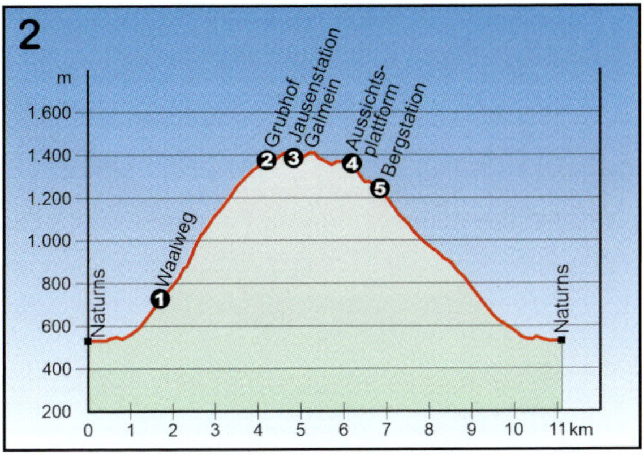

Nach einer verdienten Einkehr in der Jausenstation gehen Sie zurück zur Straße und folgen dieser zur nächsten Wegteilung. Diese ignorieren Sie und folgen der Straße weiter. Sobald es geht, biegen Sie dann nach rechts auf den Steig ab. Auf diesem wandern Sie durch die Hänge zu einer Wegteilung. Hier nehmen Sie den linken Weg Nr. 24B, der zu einer Aussichtsplattform ❹ führt. Direkt unterhalb kann man die Klettersteiggeherinnen und -geher am Drahtseil beobachten. Der Klettersteig endet an der Plattform.

Von hier oben genießen Sie zudem eine großartige Aussicht auf den Vinschgau und die gegenüber aufragenden Eisberge der Ortlergruppe mit dem namensgebenden Ortler, dem Zebrù und der steilen Königspitze.

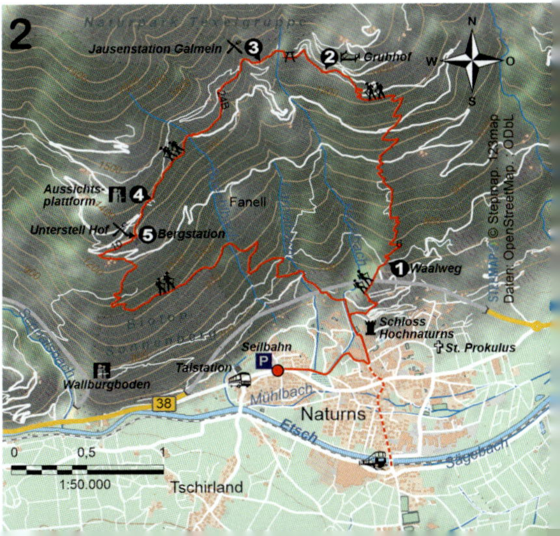

☺ Knott Klettersteig Unterstell

Die Drahtseile, die Sie von der Aussichtsplattform sehen können,

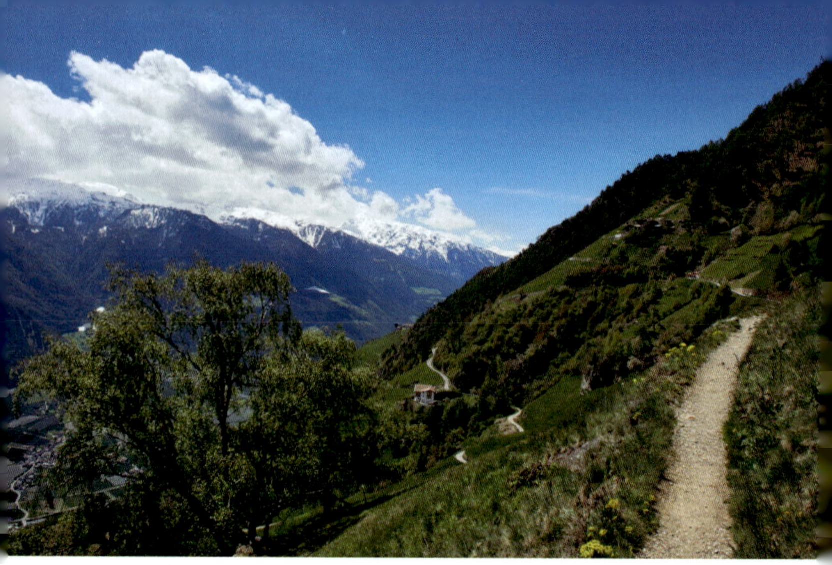

Traumhafter Panoramaweg

gehören zu einem richtigen Klettersteigpark. Hier findet man Schwierigkeiten von B/C bis sogar D/E. Somit ist sowohl für Anfängerinnen und Anfänger als auch für Könnerinnen und Könner etwas dabei. Die Länge ist mit ca. einer Stunde relativ kurz und die Seilbahn erledigt den größten Teil des Zustiegs. Der Park bietet genügend Spielmöglichkeiten für einen halben Tag. Allerdings sollten Sie im Thema Klettersteig geschult sein und die richtige Ausrüstung mitbringen. Für einen Abenteuertag können Sie sich und Ihre Familie auch von einem geschulten Bergführer am Klettersteig anleiten lassen. Zu- und Abstieg dauern jeweils 15 Minuten. Für den Klettersteig sollten Sie mit 1 Std. bis 1 Std. 30 Min. rechnen.

♦ Bergsteigerschule MeranAlpin, Meranerstraße 15, 39011 Lana, +39/348/26 00 08 13, www.meranalpin.com, info@meranalpin.com, Mo-So 8:00-19:00

In wenigen Minuten gehen Sie hinunter zur Bergstation ❺ der Unterstell-Seilbahn. Daneben finden sich der Gasthof Unterstell, in dem Sie einkehren können, und ein Spielplatz.

Gasthof Unterstell, Sonnenberg 41, 39025 Naturns, +39/04 73/66 77 47, unterstellhof.com, info@unterstellhof.com, Mitte Juni bis Anfang November Sa-Do 8:00-19:00

Hier können Sie sich entscheiden, ob Sie knieschonend mit der Seilbahn ins Tal schweben oder wieder zu Fuß absteigen.

☏ +39/04 73/66 84 18, www.unterstell.it, info@unterstell.it, 28.03.-1.11. 8:00-19:00 jede halbe Stunde, € 11 einfache Fahrt Erwachsene, € 5 für Kinder, € 22,50 für Familien

Für den Fußabstieg folgen Sie dem Weg mit der Markierung Nr. 10, der zu Beginn noch eine Straße berührt und an ein paar Häusern vorbeiführt. Anschließend steigen Sie steil abwärts und tauchen in den Wald ein. Es folgt eine lange Querung nach Osten unter der Seilbahn hindurch. Sie lassen sich immer von den Wegweisern in Richtung Naturns leiten. Der Weg kreuzt ein paar Querwege und erreicht in Ortsnähe eine Teerstraße. Vorher zweigt der Weg zum Wallburgboden ab. Wenn Sie möchten, können Sie noch diesen Abstecher unternehmen.

Wallburgboden

Der Wallburgboden ist ein leicht erreichbarer Aussichtspunkt oberhalb von Naturns. Er war wohl schon in früheren Zeiten ein Kultur- und Kraftplatz. Bei dem Abstiegsweg kommen Sie im unteren Bereich zu einem Wegweiser, der zum Wallburgboden weist. Sie können aber auch direkt von Naturns aus dort hinwandern. Hierfür gehen Sie von der Talstation der Seilbahn kurz nach Westen und dann bergauf. Der Weg zieht weit nach Westen zu dem schönen Aussichtspunkt. Der Abstecher hin und zurück dauert 1 Std. (2,9 km, 56 Hm).

Ansonsten spazieren Sie auf dieser Teerstraße zur Wegteilung unweit des Schlosses Naturns. Auf dem bekannten Weg wandern Sie zurück zum P Parkplatz.

Kirche St. Prokulus

Am östlichen Ortseingang von Naturns steht das kleine Kirchlein St. Prokulus. Die Kirche ist von außen ziemlich unscheinbar. Im Inneren der Kirche können Sie Fresken aus dem 8. Jahrhundert begutachten, die zu den bedeutendsten Wandmalereien Europas gehören. Daneben befindet sich ein kleines Museum, das komplett unterirdisch angelegt wurde. Es führt in vier Raum-Zeit-Stationen von der Spätantike bis zum 30-jährigen Krieg. Zudem bekommen Sie einen Einblick in die Geschichte der Kirche und Informationen zu den Funden.

③ Auf die Naturnser Hochwart

Tour für Liebhaberinnen und Liebhaber von schöner Aussicht

Die Naturnser Hochwart erhebt sich wie eine mächtige Wächterin über dem Ort Naturns. Der Weg vom Ort zum Gipfel ist weit und anstrengend. Eine schmale Straße oder ein Shuttle zum Nörderberg verkürzen den Anstieg auf ein erträgliches Maß. Oben wartet dann ein großartiges Panorama mit der Option auf eine spannende Gratüberschreitung.

Start/Ziel: Parkplatz Kreuzbrünnl am Nörderberg, GPS N 46°37.166' E 011°01.312'

14,8 km

7 Std. 15 Min.

1.294 m/1.294 m

1.576-2.607 m

Der Weg ist gut ausgeschildert und mit rot-weißen Markierungen versehen (Weg Nr. 5A bis zur Nörderscharte und 5). Die Überschreitung bis zur Tablander Alm ist ebenfalls mit Nr. 5 ausgeschildert, danach ab der Alm mit 4.

Durchgehend steile Wege, die aber gut zu begehen sind. Die Gratüberschreitung nach Westen ist schwieriger und erfordert Trittsicherheit und Schwindelfreiheit.

Einkehrmöglichkeit bei der Zetnalm (km 1) und der gemütlichen Mauslochalm (km 11,7)

Schöne Sitzmöglichkeiten findet man am Gipfel (km 3,7) und bei den beiden Almen. Hier bietet sich vor allem die Mauslochalm (km 11,7) an.

Der Aufstieg ist für größere Kinder ab 12 Jahren geeignet. Den Übergang empfehlen wir nicht für Kinder. Dann sollten Sie besser am Anstiegsweg wieder absteigen.

Die Wanderung ist für Hunde gut geeignet. Beim Übergang würden wir keine Hunde mitnehmen.

P Parkplatz Kreuzbrünnl am Nörderberg, auf schmaler Straße von Naturns erreichbar

von Meran mit dem Zug (Vinschgerbahn) im Halbstunden- bzw. Stundentakt nach Naturns und mit dem Shuttlebus (vorher erkundigen/anmelden, Tourismusgenossenschaft Naturns, ☏ +39/04 73/66 60 77, info@naturns.it, Bus verkehrt 2022 vom 16. Mai bis 4. November Mo, Mi, Fr) in den Sommermonaten zum Parkplatz

Vom P Parkplatz Kreuzbrünnl folgen Sie kurz der Schotterstraße nach Osten und nehmen dann den Steig (zweiter Abzweig nach rechts), der Sie hinauf zur hübsch gelegenen ✕ Zetnalm ❶ bringt.

✕ Zetnalm, Nörderberg, 39025 Naturns, +39/331/986 63 24, Ridimno2@gmail.com, Ende Mai bis Ende Oktober 8:00-23:00

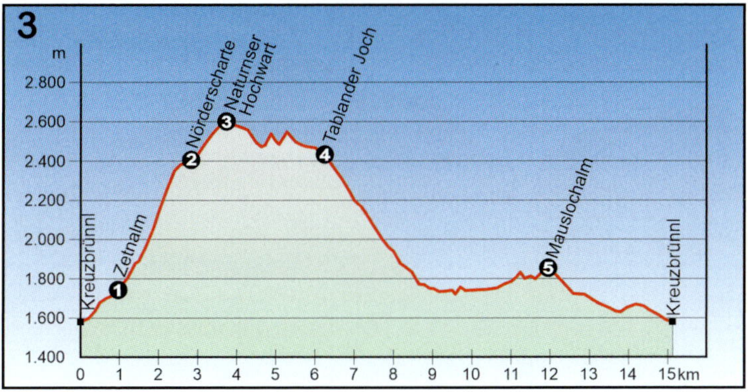

Für eine Einkehr ist es an dieser Stelle leider noch zu früh. Deshalb wandern Sie weiter. Der Weg mit der Markierung 5A steigt steil und anstrengend durch freies Gelände bergauf und dreht bald nach Südwesten ab. Es gibt für lange Zeit nur eine Richtung: nach oben. Ab und an muss man einfach stehen bleiben und durchschnaufen.

Endlich wird das Gelände flacher und der Weg bringt Sie zur Nörderscharte ❷. Hier können Sie erst einmal verweilen und durchatmen. Von der Scharte gehen Sie ein Stück nach Süden bis zu einer Wegteilung. Hier mündet ein Weg vom Vigiljoch ein, der aufgrund der Seilbahn gerne benutzt wird. Gemeinsam mit diesem steigen Sie über den Gipfelgrat hinauf zum grandiosen Gipfel der Naturnser Hochwart ❸. Die Aussicht von hier oben ist sensationell. Sie reicht von den Ötztaler Alpen über die Ortlergruppe bis zu den Dolomiten.

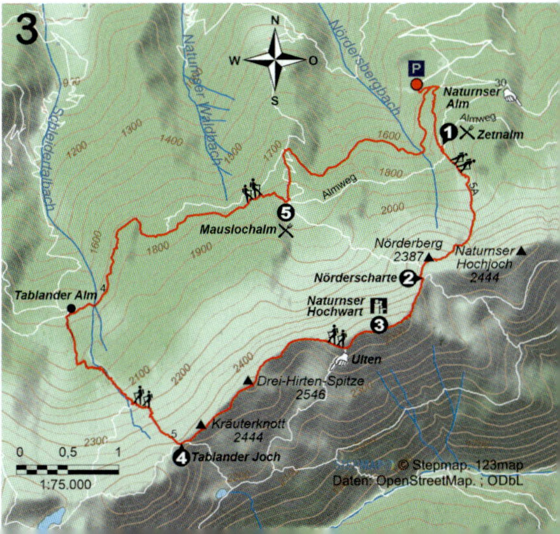

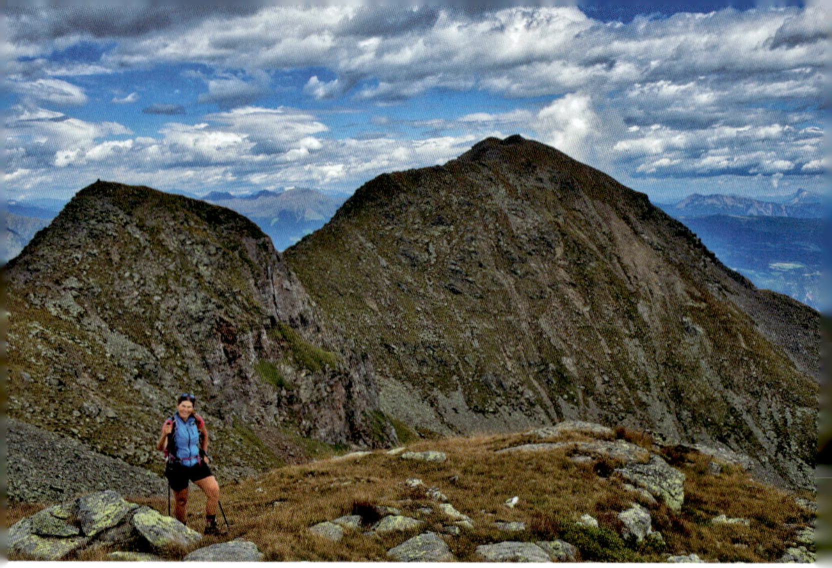

Rückblick zur Hochwart

➯ Der schnellste Abstieg erfolgt auf dem Anstiegsweg. Dabei lohnt sich eine Einkehr in der ✕ Zetnalm, kurz vor dem Parkplatz. Dies empfiehlt sich vor allem dann, wenn man konditionell mit dem Anstieg bereits ausgelastet ist.

Wer die Tour zu einer eindrucksvollen Rundtour ausbauen möchte, dem legen wir die nun beschriebene fantastische Überschreitung wärmstens ans Herz. Die Tour ist mit insgesamt 14,8 km und knapp 1.290 Höhenmetern allerdings sehr lang und erfordert gute Kondition. Zudem sind ein paar ausgesetzte Stellen zu überwinden, für die Sie Trittsicherheit und Schwindelfreiheit mitbringen müssen.

Vom Gipfel wandern Sie auf dem Grat nach Westen weiter. Den Abzweig nach Ulten ignorieren Sie und gehen auf dem rechten Weg weiter. Es folgt ein kurzer Abstieg, der etwas Vorsicht erfordert. Danach erreichen Sie einen Sattel, von dem es steil bergauf zu einem unbenannten Gipfel geht. Hier genießen Sie ein weiteres Mal ein sagenhaftes Gipfelpanorama.

Sie wandern nun hinüber in den Sattel vor der Drei-Hirten-Spitze. Abermals geht es bergauf, kurz vor dem Gipfel dreht der Steig aber nach links ab.

➯ Wer möchte, kann die paar Meter auf Steigspuren zum höchsten Punkt, auf den Gipfel der Drei-Hirten-Spitze (2.546 m), hinaufsteigen.

Jetzt wandern Sie auf den Kräuterknott zu. Hier wird das Gelände noch einmal anspruchsvoll und erfordert etwas Vorsicht. Sie bewegen sich mit Konzentration in diesem Gelände, ab und an halten Sie an und bewundern die herrliche Landschaft.

Am Tablander Joch ❹ sind endlich die größten Schwierigkeiten überwunden und Sie gönnen sich erst einmal eine Pause.

Von hier gehen Sie nach Nordwesten auf dem Weg Nr. 5 in Richtung der Tablander Alm. Über freies Gelände gehen Sie hinunter bis zur Treglenquelle. Dann tauchen Sie in den Wald ein und geht weiter hinunter zu den Almwiesen der Tablander Alm. Hier weiden im Sommer oft Kühe. Wegen Pächterwechsel war bei Redaktionsschluss unklar, ob die Alm ab 2022 wieder bewirtschaftet wird.

Von der Alm folgen Sie der Schotterstraße (Markierung Nr. 4) in östliche Richtung. Der Weg dreht in Richtung Norden ab und wird zum Steig. Auf dem Almenweg wandern Sie nun bis zur schön gelegenen ✕ Mauslochalm ❺, die zur Einkehr einlädt. Hier erholen Sie sich bei einer deftigen Brotzeit und lassen die Tour noch einmal Revue passieren.

✕ Mauslochalm, Nörderberg, 39025 Naturns, +39/349/610 21 88, volpi99@gmail.com, Anfang Juni bis Anfang Oktober 8:00-23:00

Nach der Einkehr in der Alm folgen Sie dem Steig in nördliche Richtung. Dieser kreuzt ein paarmal die Forststraße. Sie kommen zu einer Wegkreuzung an einer quer verlaufenden Schotterstraße. Auf dieser wandern Sie in östliche Richtung zurück bis zum Parkplatz am Kreuzbrünnl. Sollten Sie mit dem Shuttlebus gekommen sein, ist es wichtig, dass Sie rechtzeitig wieder zurück sind.

☺ Naturnser Almenweg

Wenn Sie keinen Gipfel besteigen möchten, können Sie auch nur eine nette Almenrunde durch die Nordflanke der Hochwart unternehmen. Hierfür wandern Sie vom Parkplatz auf der Schotterstraße mit der Markierung Nr. 30 zur ✕ Naturnser Alm, einer ersten Einkehrmöglichkeit.

✕ Naturnser Alm, Nörderberg, 39025 Naturns, +39/328/434 66 59, Mai bis Anfang Oktober

Von hier spazieren Sie weiter zur ✕ Zetnalm und von dort auf dem märchenhaften Almenweg zur ✕ Mauslochalm. Zuletzt wandern Sie wie oben beschrieben zurück zum Parkplatz. Alle drei Almen sind im Sommer bewirtschaftet und bieten eine gemütliche Einkehrmöglichkeit mit allerlei Südtiroler Schmankerln. (10,8 km, 492 Hm, 3 Std. 45 Min.)

4 Zum Partschinser Wasserfall

Tour für Fans von Naturschönheiten

Die kleine, aber schmucke Ortschaft Partschins schmiegt sich an die Südhänge der Texelgruppe. Relativ unbekannt, aber sehr sehenswert ist der Partschinser Wasserfall. Die Wanderung bauen Sie von dort zu einer Panoramatour durch die aussichtsreichen Südhänge unterhalb der Tablander Alm aus.

Start/Ziel: Parkplatz in der Ortsmitte von Partschins, GPS N 46°41.028' E 011°04.237'

9,2 km

3 Std. 45 Min.

583 m/583 m

626-1.209 m

Der Weg ist gut ausgeschildert und mit rot-weißen Markierungen markiert (Weg Nr. 26 bis zum Wasserfall, Nr. 23 auf dem Höhenweg und der letzte Abschnitt nach Partschins ist Nr. 7A markiert).

Bis zum Wasserfall einfacher Wanderweg. Der Höhenweg verläuft im letzten Abschnitt durch steile Hänge, die etwas Vorsicht und Trittsicherheit erfordern. Bei Regen den Höhenweg meiden!

Einkehrmöglichkeiten gibt es am Gasthaus Birkenwald (km 2,9), Gasthaus Wasserfall (km 3,5) und beim Prünster (km 4,8) sowie direkt in Partschins.

Schöne Sitzmöglichkeiten gibt es am Wasserfall (km 3,7) sowie direkt vor dem Prünster (km 4,7).

Der Aufstieg zum Wasserfall ist für Kinder ab 8 Jahren geeignet. Für den Weiterweg sollten die Kinder über 10 Jahre sein.

Die Wanderung zum Wasserfall ist mit Hunden gut machbar. Für den Höhenweg sollten die Hunde größer sein.

P Parkplatz in der Ortsmitte von Naturns

von Meran mit dem Bus Linie 213 halbstündlich nach Partschins

Vom P Parkplatz in Partschins folgen Sie dem Wegweiser „Partschinser Wasserfall“ in westliche Richtung aus dem Ort hinaus. Sie gelangen zum Bach, den Sie auf einer Hängebrücke überqueren. Gleich danach folgen Sie dem Steig, der links vom Bach in nördliche Richtung bergauf führt. Der Steig bringt Sie hinauf zu einer Teerstraße, auf der Sie nach rechts über den Bach gehen. Nach einer Linkskurve können Sie weiter auf der Straße aufwärtsgehen (es wäre auch möglich, dem Steig rechts davon zu folgen). Wenig später verlassen Sie sie nach rechts. Der Weg führt über eine Querstraße und bringt Sie durch ein schönes Wäldchen bergauf bis zum ✕ Gasthaus Birkenwald ❶. Natürlich können Sie sich hier eine frühe Einkehr gönnen oder sich diese für die Rückkehr aufsparen.

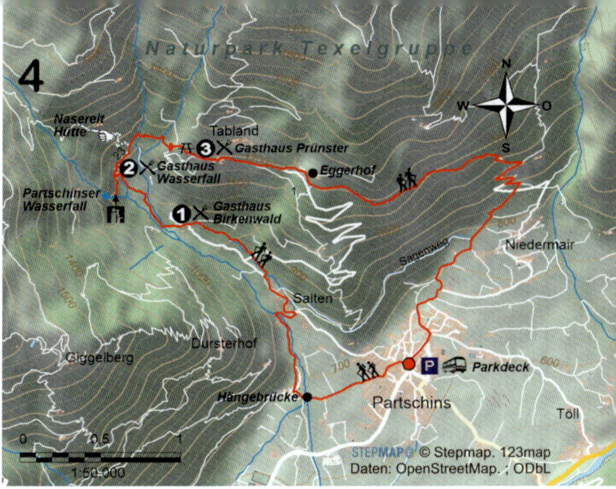

✕ Gasthaus Birkenwald, Wasserfallweg 40, 39020 Partschins, ☏ +39/04 73/96 83 56, ✉ franz.birkenwald@hotmail.com, 01.04.-23.10. Mi-Mo 10:00-20:00, Di Ruhetag

Vom Gasthaus folgen Sie kurz der Straße nach Westen. Quasi zwischen zwei Bächen setzt ein Steig an in Richtung Partschinser Wasserfall. Auf diesem spazieren Sie aufwärts. Schon bald hören Sie und kurz darauf erblicken Sie den eindrucksvollen Wasserfall. Es sind noch ein paar Höhenmeter, dann stehen Sie aber schon am ✕ Gasthaus Wasserfall ❷. Vielleicht gibt es ja jetzt die vorhin schon angedachte Einkehr?

✕ Gasthaus Wasserfall, Wasserfallweg 55, 39020 Partschins, +39/338/346 23 33, www.partschins-wasserfall.com, ✉ info@partschins-wasserfall.com, So-Fr 9:30-19:00, Sa Ruhetag

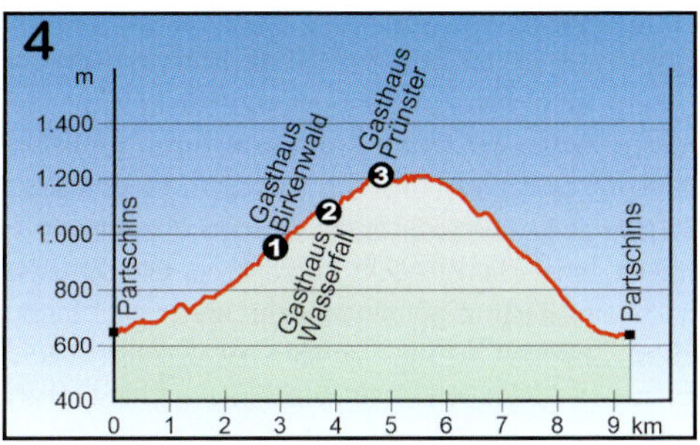

Vom Gasthaus machen Sie noch den kurzen Abstecher hinauf zur Aussichtsplattform am donnernden Wasserfall. Es ist schon spektakulär, wie das Wasser daneben in die Tiefe stürzt. Kaum kann man sich von diesem

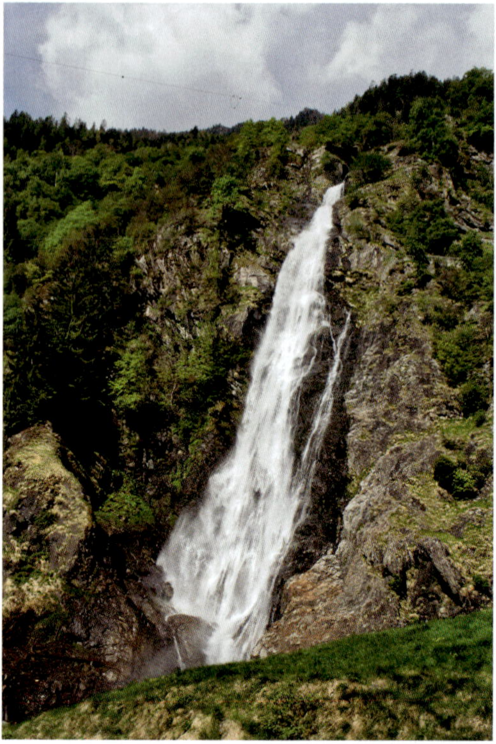

Der Partschinser Wasserfall

Naturschauspiel loseisen. Wunderschön ist aber auch der Ausblick in Richtung Südosten. Der Wasserfall mit einer Fallhöhe von 97 m gilt als einer der herrlichsten Wasserfälle der Alpen.

Besonders schön ist es, wenn man an sonnigen Tagen zwischen 10:00 und 12:00 Uhr am Wasserfall ist. Dann glitzert der Sprühnebel in Regenbogenfarben.

Anschließend spazieren Sie zurück zum ✕ Gasthaus.

Danach folgen Sie dem Weg Nr. 23 in Richtung Nasereit-Hütte. Der Weg teilt sich aber bald und Sie nehmen den Weg mit der Markierung Nr. 23 (Partschinser Höhenweg), der Sie bald über einen Bach bringt. Sie queren die Hänge und treffen auf einen weiteren Weg, der von rechts heraufkommt. Gemeinsam mit diesem wandern Sie steil und anstrengend hinauf zu einer willkommenen Verflachung, an der ein paar ⊼ Bänke aufgestellt sind. Sie blicken hinunter zum Wasserfall und genießen die Aussicht auf die Naturnser Hochwart auf der gegenüberliegenden Talseite. Sie wandern weiter und erreichen wenig später das ✕ Gasthaus Prünster ❸, in dem Sie ebenfalls einkehren können.

✕ Gasthaus Prünster, Tabland 6, 39020 Partschins, ☏ +39/04 73/96 74 54, ✉ gasthauspruenster@gmail.com, Sa-Do 10:00-18:00

Nach dem Gasthaus folgen Sie der Teerstraße zu einer Straßenteilung. Kurz vorher zweigt auch der Weg Nr. 1 nach rechts ab. Dieser führt direkte nach Partschins. Sie ignorieren diesen Weg und wandern stattdessen auf der geradeaus führenden Straße weiter. Wenig später biegt nach links der Weg mit der Nr. 23 (Partschinser Höhenweg) ab, in den Sie einbiegen. Sie wandern unterhalb des Egger Hofs entlang. Wenig später heißt es aufpassen: Wegspuren führen in den Wald. Sie bleiben aber am linken Waldrand und folgen dem Steig durch die Hänge. Der Wald lichtet sich und Sie genießen eine wunderbare Aussicht auf das Tal und die umliegenden Hänge. Wegen der Steilheit der Hänge sollten Sie auf diesem Wegabschnitt sorgfältig gehen. Beim Abstieg queren Sie einen steilen Hang, an dem ein Schild auf Steinschlaggefahr hinweist. Daher gehen Sie etwas schneller durch diese Hänge. Vor allem bei Regen ist dieser Abschnitt etwas kritisch, aber dann geht man den Höhenweg idealerweise erst gar nicht und sucht sich stattdessen eine andere Tour aus diesem Buch aus.

Steil führt der Weg hinunter zu einer Straße, der Sie ein Stück abwärts folgen. Wenig später biegen Sie nach links auf einem Steig ab. An der nächsten Wegteilung gehen Sie nach rechts und gelangen wieder zur Straße, die Sie überqueren. Nun gehen Sie auf einem weiteren Steig durch ein Waldstück bergab, bis Sie auf den Sagenweg treffen. Diesen ignorieren Sie und wandern geradeaus auf dem Weg Nr. 7A weiter. Sie kommen zur Straße, die Sie ohne besondere Orientierungsprobleme zurück nach Partschins bringt. Im Ort können Sie am Ende der Wanderung abermals einkehren.

☺ Partschinser Sagenweg

Eine weitere schöne Wandermöglichkeit bei Partschins ist der Partschinser Sagenweg. Die Wanderung dauert 2 Stunden und führt zu vorchristlichen Siedlungs- und Kultstätten in Partschins. Man besucht Schalensteine, eine Hexenhöhle, den geheimnisvollen Saltenstein und den tollen Aussichtspunkt Golderskofel. Im Tourismusbüro von Partschins gibt es ein Faltblatt mit der genauen Beschreibung der Kultplätze. Sie treffen auf den Sagenweg beim Abstieg der hier beschriebenen Wanderung. Um den Sagenweg zu erreichen, gehen Sie von Partschins also in umgekehrter Richtung zu diesem Punkt und folgen dann der Ausschilderung entlang des Weges. (5,6 km, 351 Hm, 2 Std.)

i Tourismusverein Partschins, Spaureggstr. 10, 39020 Partschins,
☏ +39/04 73/96 71 57, Mo-Fr 9:00-12:00 und 13:00-18:00, Sa 9:00-12:00

❺ Auf dem Marlinger Waal

Tour für Liebhaberinnen und Liebhaber von Wasser und Obst

Der Marlinger Waal führt von Töll durch die wunderbaren Obstplantagen und herrlichen Weinberge bei Marling bis nach Lana. Der schöne, einfache und aussichtsreiche Wanderweg bietet ein ideales Wandererlebnis ohne besondere Herausforderungen. Die Landschaft und das Plätschern des Wassers entspannen ungemein.

- ➔ Start: Bahnhof Töll, GPS N 46°40.194' E 011°04.513'; Ziel: Bushaltestelle in Lana, GPS N 46°37.076' E 011°08.303'
- 12,1 km
- 3 Std. 15 Min.
- ↑↓ 7 m/203 m
- ⇧ 314-511 m
- Der Weg ist sehr gut als Marlinger Waalweg ausgeschildert und einfach zu finden.
- durchgehend einfacher, gut zu begehender Weg, keine Steigungen
- Am Weg gibt es mehrere Einkehrmöglichkeiten in schönen Abständen: Gasthof Schönblick (km 5), Panoramagrill Enzian (km 5,9), Buschenschank Larchwalderhof (km 6), Gasthof Waldschenke (km 6,2), Gasthof Waalheim (km 7,3).
- Unterwegs findet man von Beginn an immer wieder schöne Sitzmöglichkeiten auf Rastbänken.
- Der Waal kann mit Kindern ab 6 Jahren begangen werden. Das plätschernde Wasser macht Spaß. Man kann den Weg auch abkürzen, indem man nach Marling oder Tscherms absteigt.
- Die Waalweg ist mit Hunden gut zu begehen.
- P Parkplatz bei Töll am Weg
- von Meran mit der Vinschgerbahn Nr. 250 im Halbstunden- bzw. Stundentakt bis zum Bahnhof von Töll
- Vom Ziel kommen Sie mit dem Bus Nr. 211 nach Meran. Eine Rückkehr von Lana zum Ausgangspunkt geht immer über Meran.

Waale gibt es schon sehr lange, beurkundet sind sie seit dem 12. Jahrhundert. Sie sind eine Besonderheit von Südtirol in der Region von Meran und im Vinschgau. Sie leiten das Wasser aus den Bergen in die trockenen Felder, Obstplantagen und Weinberge. Das ist notwendig, da der für die Landwirtschaft wichtige Niederschlag hier oft ausfällt.

Entlang der Waale wurden Waalwege angelegt, um die Waale zu betreuen, reparieren und sauber halten zu können. Heute sind die Waalwege beliebte Wanderwege. Sie haben wenig Höhenunterschied und bieten eine wunderschöne Aussicht auf die Berge und die umliegenden Orte.

Sie starten am Bahnhof von Töll. Von hier spazieren Sie mit dem Wegweiser „Marlinger Waalweg“ bis zum Einstieg. Bald schon kommen Sie an eine Brücke, die Sie überqueren. Sie biegen sofort nach rechts auf einen Wanderweg ab,

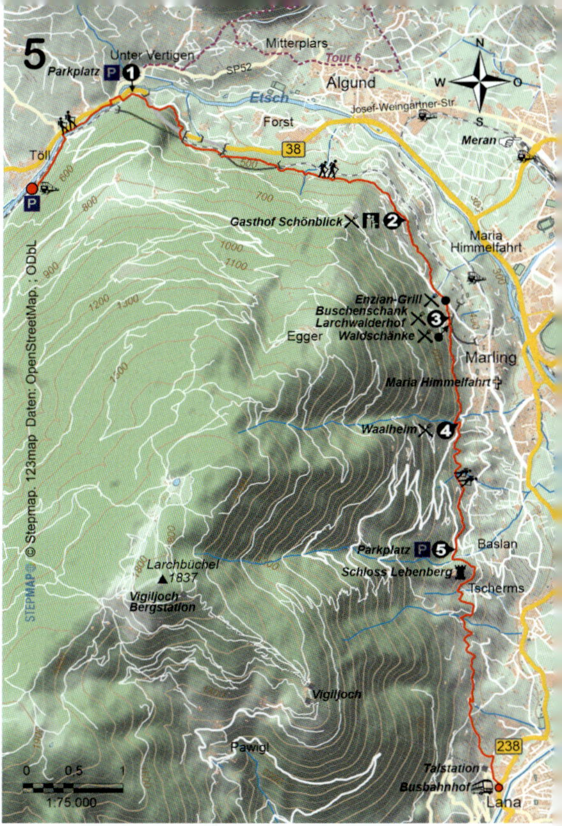

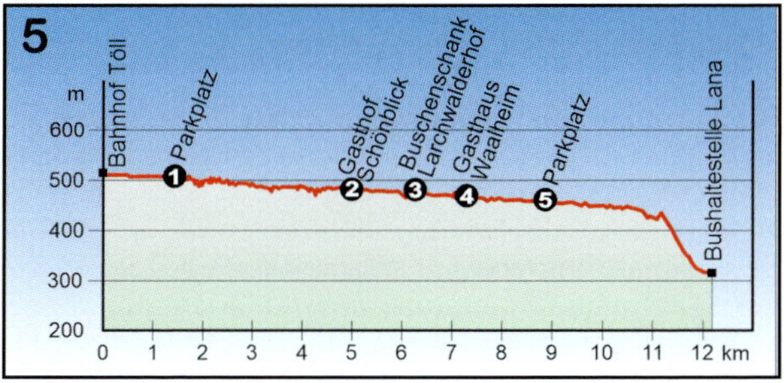

der zwischen Vinschgerstraße und Etsch entlangführt. Sie erreichen die Straße und folgen dieser bis zu einem P Parkplatz ❶. Hier könnte man auch sein Auto abstellen.

Nun beginnt der eigentliche Marlinger Waalweg. Am Holzzaun entlang wandern Sie weiter und bald schon tauchen Sie direkt in den Wald ein. Nach kurzer Zeit treffen Sie auf den Wasserlauf. Wenig später führt der Weg oberhalb der Autostraße entlang. Immer wieder gibt der Wald wunderbare Blicke auf das Talbecken von Meran sowie auf die Berge der Texelgruppe frei. An einer Wegteilung gehen Sie nach links. Das Gelände wird freier und Sie wandern durch Obstplantagen weiter in östliche Richtung. Sie bleiben immer auf dem gut ausgeschilderten Waalweg. Dabei ignorieren Sie kleine Straßen, die den Waalweg schneiden. Der Weg dreht in südöstliche Richtung ab und bringt Sie zum ✕ Gasthof Schönblick ❷. Von hier genießen Sie eine idyllische Aussicht auf die Berge um Meran. Die aufgestellten Tische auf der Terrasse laden zu einer gemütlichen Einkehr ein.

✕ Gasthof Schönblick, St. Felixweg 32, 39020 Marling, +39/328/212 29 53,
https://m.facebook.com/Sch%C3%B6nblick-Marling-739838026175634,
08.04.-31.10. So-Fr 9:30-18:00, Sa Ruhetag

Anschließend spazieren Sie weiter auf dem Waalweg durch die sonnigen Hänge. Es wechseln sich Weinberge, Kastanienhaine und Obstplantagen ab. Sie genießen das Wasser und die Schönheit der Natur. Die nächste Einkehrmöglichkeit am Waalweg ist der ✕ Panoramagrill Enzian.

✕ Panoramagrill Enzian, St.-Felixweg 28, 39020 Marling, ☎ +39/04 73/44 70 49,
https://www.facebook.com/grillenzian, Grill-enzian@hotmail.com,
Anfang Juli bis Ende Oktober 10:00-23:00

Mit dem ✕ Buschenschank Larchwalderhof ❸ und der ✕ Waldschenke bieten sich Ihnen weitere Einkehrmöglichkeiten.

✕ Buschenschank Larchwalderhof, St.-Felixweg 9, 39020 Marling,
☎ +39/04 73/44 33 75, www.larchwalder.it/buschenschank.asp,
info@larchwalder.it, Do-Di 10:00-18:00, Mi Ruhetag

✕ Waldschenke, St.-Felixweg 11, 39020 Marling, ☎ +39/04 73/44 70 15,
www.waldschenke.it, info@waldschenke.it, Sa-Do 9:00-22:00, Fr Ruhetag

Von hier spazieren Sie auf dem Waalweg weiter in südliche Richtung. Er führt immer an der Grenze zwischen dem Wald und den sonnigen Hängen entlang.

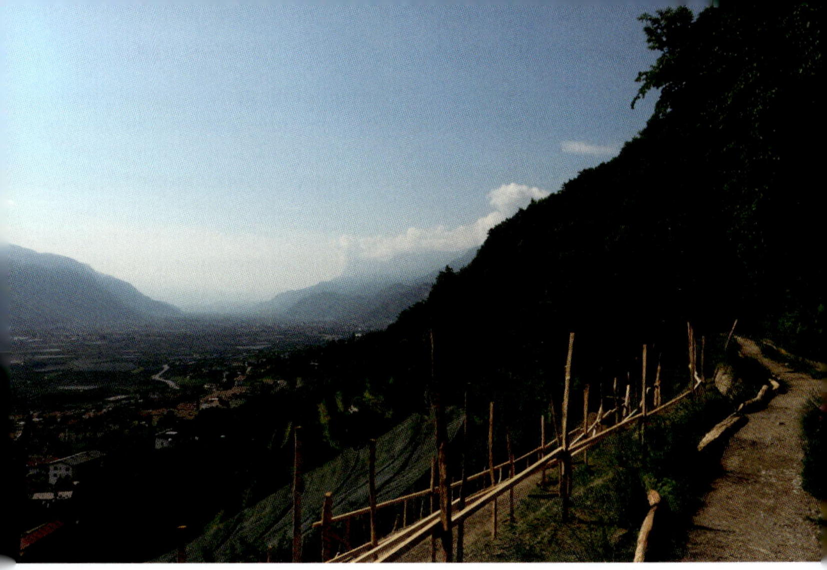

Toller Ausblick nach Osten

Dabei bekommen Sie eine herrliche Aussicht auf die Umgebung. Sie wandern nun oberhalb des Ortes Marling bis zum ✕ Waalheim ❹.

✕ Gasthaus Waalheim, Bergerstraße 8, 39020 Marling, ☏ +39/04 73/44 72 52, www.waalheim.it, info@waalheim.it, Di-So 9:00-17:00, Mo Ruhetag

Zwischen der Waldschenke und dem Waalheim gibt es mehrere Abstiegsmöglichkeiten nach Marling, um die Wanderung abzukürzen. Von Marling aus fahren Busse nach Meran. Mit etwas Glück hören Sie auch die berühmten Glocken der Kirche von Marling. Die sieben Glocken inspirierten den Komponisten Franz Liszt zur Komposition des Liedes „Ihr Glocken von Marling":

„Ihr Glocken von Marling, wie brauset ihr so hell!
Ein wohliges Läuten, als sänge der Quell.
Ihr Glocken von Marling, ein heil'ger Gesang.
Umwallet wie schützend den weltlichen Klang.
Nehmt mich in die Mitte der tönenden Flut –
Ihr Glocken von Marling, behütet mich gut!"

Immer wieder überqueren Sie eine Straße und gehen auf dem Waalweg weiter. Nach einem 🅿 Parkplatz ❺ führt der Weg zwischen Tscherms und Schloss Lebenberg entlang. Hier gibt es auch eine ↳ Abstiegsmöglichkeit nach Tscherms, falls Sie die Tour hier beenden wollen. Auch in Tscherms können Sie in einen Bus einsteigen.

Der Weg ist hier sehr sonnig, was an heißen Tagen anstrengend sein kann. Es macht Sinn, dass Sie genug zu trinken dabeihaben und immer mal wieder eine kurze Verschnaufpause einlegen. Der Waalweg führt durch die Hänge bis zu einer Straße. Hier gehen Sie kurz ein Stück bergauf und folgen dann der Straße bergab in Richtung Lana. Sie passieren die Talstation der Seilbahn zum Vigiljoch und gehen weiter bis in den Ort. Hinter dem Kreisverkehr befindet sich die 🚌 Bushaltestelle. Von hier fahren Sie bequem mit dem Bus zurück nach Meran.

⌘ Altar in Lana

In der Pfarrkirche Mariä Himmelfahrt von Niederlana befindet sich der Altar des Künstlers Hans Schnatterpeck aus den Jahren 1503-1511. Der 14,10 m hohe und 7 m breite Altar wurde aus Kastanienholz geschnitzt und mit Dukatengold verziert. Neben vielen Figuren ziert den Altar die seltene Darstellung Gottes mit dem Leichnam Christi in seinem Schoss. Der Altar zählt zu den bedeutendsten Werken der Südtiroler Spätgotik. Der Künstler erhielt einen Lohn von 1.600 Rheinischen Gulden. Dafür hätte man damals 8 Fuhren Wein und 3 Bauernhöfe bekommen.

☺ Meraner Waalrunde

Wer ein intensives „Waalerlebnis“ haben möchte, dem legen wir die Meraner Waalrunde ans Herz. Die ganzjährig begehbare Wanderung führt entlang der historischen Bewässerungskanäle um das Meraner Becken. Auf dieser Runde werden elf Waalwege miteinander verbunden. Startpunkt der 80 km langen Rundwanderung ist das Dorf Töll. Weinreben und Apfelbäume, Pinien und Zypressen, Tannen und Lärchen begegnen Ihnen auf dieser Wanderung. Zahlreiche Burgen und Schlösser geben Einblick in die Kultur der Region. Insgesamt handelt es sich um elf Etappen zwischen 6 und 13 km. Teilstücke dieser Wanderung finden Sie auch in diesem Buch: Algunder Waalweg, Kuenser Waalweg, Marlinger Waalweg und Schenna Waalweg.

Algund und Dorf Tirol

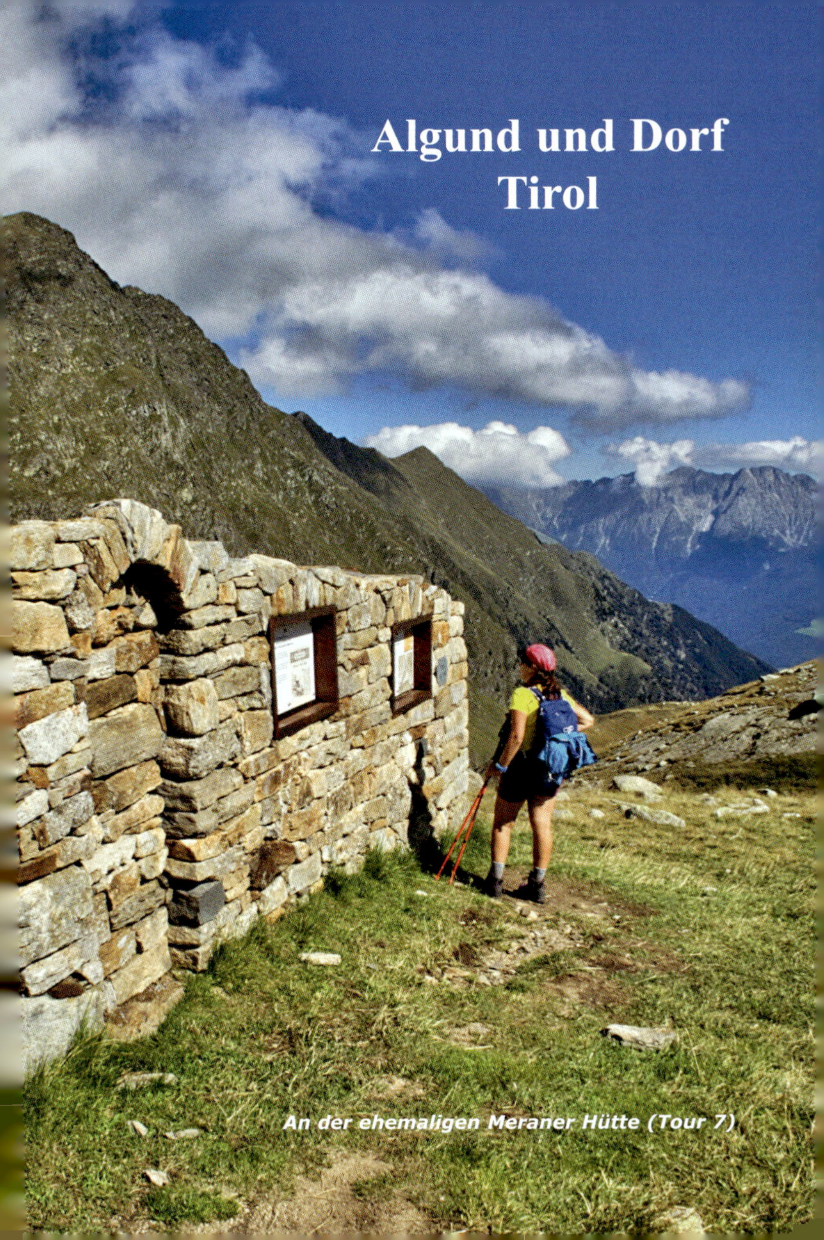

An der ehemaligen Meraner Hütte (Tour 7)

⑥ Der Algunder Waal

Tour für gemütliche Wanderinnen und Wanderer

Auf der Nordseite der Straße vom Vinschgau nach Meran liegt Algund. Auch hier gibt es einen Waalweg, den Algunder Waal. Im Gegensatz zum Marlinger Waal auf der Südseite der Straße ist die hier vorgestellte Runde deutlich kürzer. Der Weg entlang des Wassers ist allerdings genauso leicht und insgesamt sehr genussvoll.

Start/Ziel: Parkplatz Algunder Waal am westlichen Ortsende von Algund, GPS N 46°40.588' E 011°05.434'

6,8 km

2 Std. 30 Min.

255 m/255 m

338-579 m

Durchgehend markierte Wege mit verschiedenen Wegnummern. Vereinzelt muss man gut auf die Schilder achten. Der Abzweig vom Waal ist mit 21 und der folgende Abzweig mit 25A markiert. Der Weg vom Waal in Richtung Dorf folgt der Markierung 25 und geht dann auf Nr. 25B nach Westen. Der Rückweg vom Dorf zum Waal erfolgt auf dem Weg Nr. 7.

durchgehend einfacher, gut zu begehender Weg, ein steilerer Abschnitt

Einkehrmöglichkeiten im Gasthof Leiter in der Nähe des Waals (nahe km 1,2 – etwas abseits) und Café Konrad (km 2,4) sowie in der Ortsmitte von Algund (km 4,1)

Zwischendurch gibt es immer wieder Bänke am Waalweg.

Der Waal kann mit Kindern ab 6 Jahren begangen werden. Das plätschernde Wasser macht Spaß.

Die Waalweg ist mit Hunden gut zu begehen.

Parkplatz am westlichen Ortsende von Algund

von Meran mit dem Bus Linie 213 in Richtung Partschins halbstündlich bis zur Haltestelle „Oberplars/Algunder Waalweg"

Sie starten am P Parkplatz des Algunder Waals am westlichen Ortsende von Algund. Vom Parkplatz überqueren Sie die kleine Straße und wandern auf dem gut ausgebauten Wanderweg entlang des Waals. Dieser führt gleich durch einen Tunnel. Am Ende des Tunnels betreten Sie die Obstfelder um Algund. Gleich zu Beginn fesselt aber der Blick hinauf zum mächtigen Gipfel des Tschigat in der Texelgruppe.

Sie folgen dem Waal in den Ortsbereich von Oberplars und überqueren eine kleine Straße. Wenig später kommen Sie zum Abzweig vor dem Gasthaus Leiter am Waal ❶.

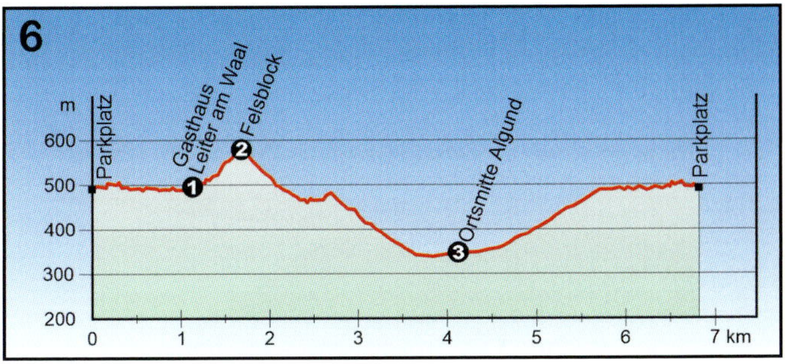

Inmitten der Weinreben befindet sich hier ein besonders schöner Ort für eine Einkehr. Dies ist auch am Rückweg möglich, da Sie unweit von hier zurückkommen. Das Haus wurde bereits im 13. Jahrhundert erwähnt und vor ein paar Jahren renoviert. Sie erreichen es, wenn Sie dem Weg noch ein paar Meter geradeaus folgen.

Gasthaus Leiter am Waal, Mitterplars 26, 39022 Algund, ☎ +39/04 73/44 87 16, www.leiteramwaal.com, info@leiteramwaal.it, März bis November Mi-Mo 12:00-21:00

Sollten Sie den Abstecher dorthin unternommen haben, gehen Sie am Waal ein Stück zurück zur Wegteilung.

An der Wegteilung verlassen Sie für kurze Zeit den Waalweg. Nach links führt ein Weg (Markierung Nr. 21) bergauf. Der breite Weg bringt Sie zu einer Wegkreuzung. Hier biegen Sie nach rechts ab und nehmen den Steig mit der Wegmarkierung Nr. 25A. Wenig später kommen Sie zu einem großen Felsblock ❷, von dem Sie einen schönen Blick hinunter auf das Tal haben.

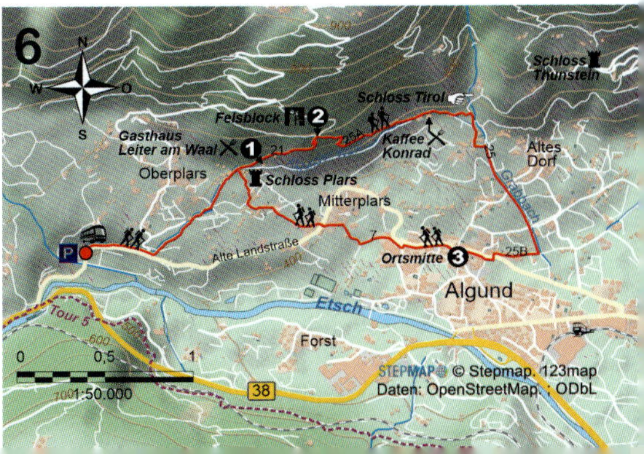

Der Weg führt durch den Wald bergab, bis

Sie durch ein Gatter zu sonnigen Weinbergen gelangen. Inzwischen ist der Weg wieder deutlich breiter. Er bringt Sie wieder hinunter zum Algunder Waal. Hier können Sie im ✗ Café Konrad einkehren.

✗ Café Konrad, Vellau 1, 39022 Algund, ☏ +39/04 73/44 86 46, Do-Di 10:30-17:00

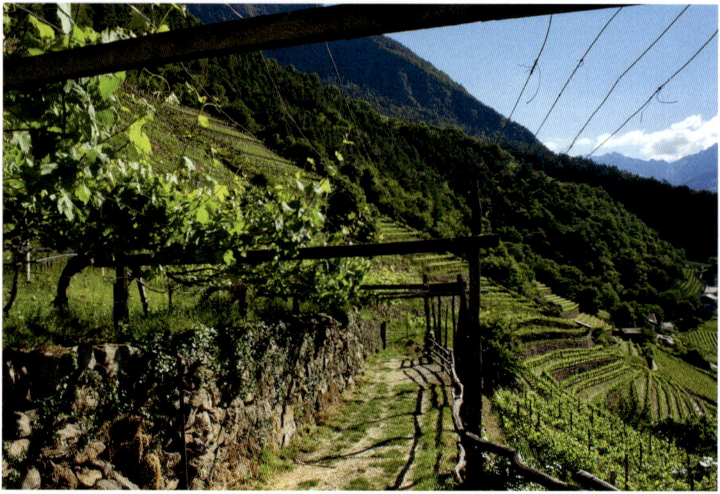

Idyllischer Weg durch Weinberge

Auf dem Algunder Waal spazieren Sie noch ein Stück nach Osten, bis Sie auf eine Straße treffen. Dieser folgen Sie kurz bis zu einer T-Kreuzung. Hier biegen Sie nach rechts ab. Sie gehen geradeaus weiter in Richtung Algund. An der nächsten Straße, auf die Sie treffen, wenden Sie sich nach links und wandern weiter, bis an einem Bach der Weg mit der Markierung Nr. 25 nach rechts abzweigt. Diesem Weg folgen Sie immer geradeaus, bis Sie auf einen Querweg treffen. Hier schickt Sie ein Wegweiser nach rechts in Richtung Algund. Sie folgen der Markierung Nr. 25B bis in die Ortsmitte ❸.

Nun gehen Sie geradeaus durch den Ort, bis die Fahrstraße eine Rechtskurve macht. Hier sehen Sie die Markierung Nr. 7, die Sie nun leitet. Der Weg führt zwischen den Häusern hindurch und bringt Sie wieder zur Fahrstraße.

Diese überqueren Sie und spazieren auf der anderen Seite der Straße weiter. Der Weg führt leicht aufwärts zu einer Straße. Sie genießen dabei einen schönen

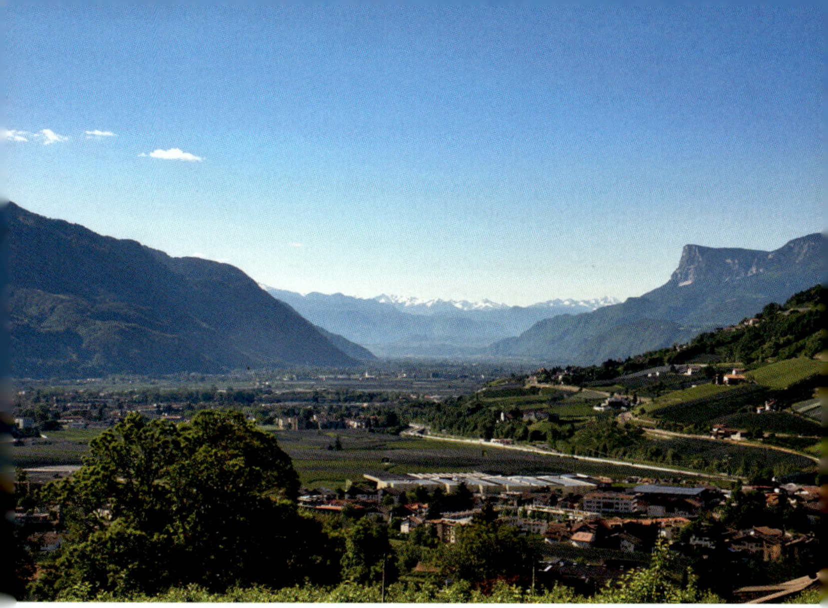

Das Meraner Becken

Rückblick auf Algund. An der Straße gehen Sie nach rechts, vorbei an Schloss Plars, bis zum Algunder Waalweg.

↳ Vom Kreuzungspunkt mit dem Waalweg ist es nicht mehr weit nach rechts zum ✕ Gasthaus Leiter am Waal, das sich für eine Einkehr am Ende der Wanderung anbietet.

Vom Kreuzungspunkt wandern Sie auf dem bekannten Waalweg zurück bis zum P Parkplatz des Algunder Waals.

☺ Längere Runde bis zum Schloss Tirol

Die hier vorgestellte Runde ist eine schöne Halbtagestour. Wer die Wanderung verlängern möchte, dem sei der Weiterweg bis zum Schloss Tirol ans Herz gelegt (zusätzlich 7 km, 280 Hm, 2. Std. 30. Min.). Hierfür gehen Sie nach dem Café Konrad nicht hinunter nach Algund, sondern folgen dem Waalweg in östliche Richtung. Sie wandern unterhalb von Schloss Thurnstein bis nach Gratsch. Von hier können Sie noch hinaufgehen zu ⌘ Schloss Tirol.

♜ Schloss Tirol

Das Schloss war die Stammburg der Grafen von Tirol. Bis ins 15. Jahrhundert war die Burg die Residenz der Landesfürsten. Dann wurde die politische Verwaltung nach Innsbruck verlegt. Die Burg verfiel danach teilweise, wurde im späten 19. Jahrhundert aber wieder renoviert. Künstlerisch besonders wertvoll sind die Fresken der Burgkapelle mit ihren plastischen Figuren. Der bekannte Flügelaltar dagegen ist nicht mehr zu sehen, er befindet sich heute im Tiroler Landesmuseum (💻 www.tiroler-landesmuseen.at) in Innsbruck.

🚪 Das Schloss kann von Mitte März bis Anfang Dezember besichtigt werden, Di-So 10:00-17:00, Mo Ruhetag.

Vom Schloss wandern Sie in westlicher Richtung nach St. Peter und von dort zum Algunder Waal, den Sie unweit vom Café Konrad erreichen. Hier können Sie entscheiden, ob Sie am Hinweg zurückwandern oder die oben beschriebene Runde über Algund machen.

❀ Erdpyramiden

Im Bereich von Dorf Tirol gibt es zwei Erdpyramiden. Erdpyramiden sind eine geologische Besonderheit. Sie bestehen aus aufgeschüttetem Lehm und einem darüberliegenden Felsbrocken. Bei Trockenheit ist der Boden steinhart, regnet es aber, wandelt sich dieser schnell in einen Brei um, der regelrecht weggespült wird. Liegt an einer Stelle aber ein Felsbrocken, so ist dieser Bereich vor Regen geschützt und bleibt als Erdpyramide stehen. Ein paar der Erdpyramiden befinden sich in der Nähe von Dorf Tirol. Weitere Erdpyramiden finden Sie in der Fineleschlucht bei Kuens. Hierfür wandert man von Tirol nach Kuens.

❼ Die Spronser Seenrunde

Tour für ambitionierte Wanderinnen und Wanderer

Die Spronser Seen sind eine landschaftlich großartige Seenplatte in der inneren Texelgruppe. Die hier vorgestellte Runde ist eine sehr ambitionierte Rundtour durch eine großartige Landschaft. Wir sind die Tour an einem Tag gegangen, es empfiehlt sich aber, sie in zwei Tage aufzuteilen. Dazu bieten sich das Hochganghaus oder die Oberkaseralm an.

↻ Start/Ziel: Bergstation der Hochmuth Seilbahn oberhalb von Dorf Tirol, GPS N 46°42.083' E 011°07.543'

➲ 16,9 km

⌛ 7 Std.

↑↓ 1.132 m/1.132 m

⇧ 1.354-2.486 m

✎ Durchgehend markierte Wege mit verschiedenen Wegnummern. Gerade der erste Teil ist ein Teilstück des Meraner Höhenweges und entsprechend gut ausgeschildert. Die Weg-Nr. 24 führt bis zum Hochganghaus, die Nr. 7 in die Hochgangscharte und bis zur Wegverzweigung vor dem Langsee. Danach geht es auf der Markierung Nr. 22 zurück.

Anspruchsvolle Rundtour. Bereits der erste Abschnitt bis zur Leiteralm ist an einigen Stellen ausgesetzt und mit Seilen versichert. Der Anstieg in die Hochgangscharte ist steil und ebenfalls mit Drahtseilen versichert. Hier ist unbedingt Trittsicherheit und Schwindelfreiheit erforderlich. Der weitere Weg ist leichter, allerdings sollte man beim letzten Abschnitt die Länge der Tour nicht unterschätzen.

✕ Einkehr an der Seilbahn-Bergstation, Gasthof Steinegg (km 0,3 und km 16,6), Leiteralm (km 2,2), Hochganghaus (km 5,2), Oberkaseralm (km 10,5) und Gasthaus Mutkopf (km 15,1)

Sitzmöglichkeiten gibt es vor allem bei den Einkehrmöglichkeiten sowie in der Hochgangscharte (km 7,2) und an den Seen (km 8,5).

Der Weg ist für Kinder nicht geeignet. Die Tour ist zu lang und schwierig.

Die Tour empfehlen wir mit Hunden nicht.

P Parkplatz an der Talstation der Seilbahn Hochmuth bei Dorf Tirol

von Meran mit dem Bus Linie 221(alle 15 Minuten) nach Tirol und weiter mit der Linie 222 zur Talstation der Seilbahn

☺ Im Hochganghaus oder auf der Oberkaseralm können Sie übernachten und die Tour so auf zwei Tage aufteilen.

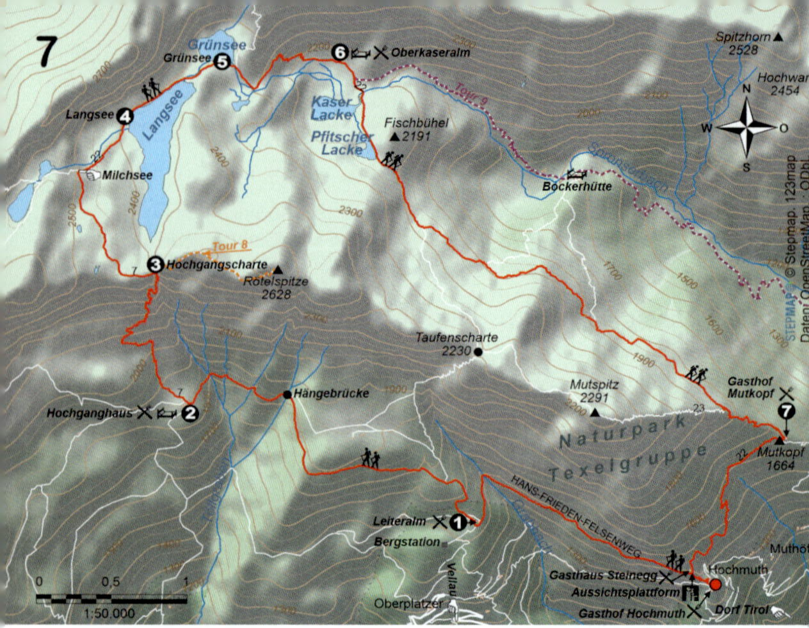

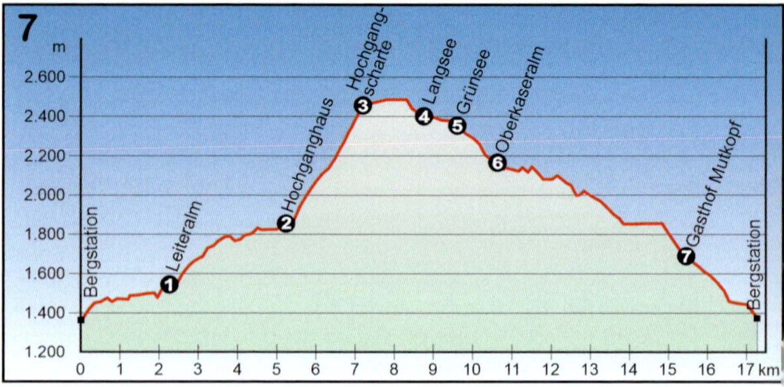

Nach der Bergfahrt mit der Seilbahn Hochmuth zur Bergstation starten Sie Ihre Wanderung.

Seilbahn Hochmuth, ☏ +39/04 73/92 34 80, www.seilbahn-hochmuth.it, info@seilbahn-hochmuth.it, Mitte März bis Mitte November durchgehender

Betrieb 7:30-18:00, Juli bis September bis 19:00, Berg- und Talfahrt € 13,50 für Erwachsene und € 5 für Kinder

Zuerst gehen Sie steil hinauf zur bestens gelegenen Aussichtsplattform. Sie folgen dabei der Ausschilderung des Meraner Höhenweges. Von der Plattform aus genießen Sie einen großartigen Blick auf den Talboden von Meran sowie bei gutem Wetter bis zu den Felszinnen der Dolomiten. Der Weg führt am Gasthof Steinegg vorbei, den Sie besser beim Abstieg besuchen, da es jetzt einfach noch viel zu früh für eine Einkehr ist.

Direkt neben dem Gasthof beginnt der Hans-Frieden-Felsenweg. Sie erreichen ihn durch ein Gatter. Sehr aussichtsreich steigen Sie ziemlich vorsichtig durch die steilen Felshänge. Besonders ausgesetzte Stellen sind gut mit Drahtseilen versichert. Immer wieder bleiben Sie stehen und genießen grandiose Blicke auf die Umgebung. Der Weg führt zu einer Schlucht, durch die Sie hindurchwandern. Nun sind es nur noch wenige Meter bis zur Leiteralm ❶, der ersten Einkehrmöglichkeit auf Ihrer Bergwanderung.

Leiteralm, Vellau 23, 39022 Algund, +39/338/317 24 84, www.leiteralm.com, info@leiteralm.com,
April bis Anfang November tgl.

Nach der kurzen Pause an der Leiteralm gehen Sie weiter in Richtung Hochganghaus. Der Weg führt hinter der Alm vorbei und dann nach rechts in den Wald. Durch diesen steigen Sie bergauf und gelangen zu einer Wegteilung. Hier ginge es geradeaus zur Taufenscharte. Sie gehen aber nach links weiter in Richtung Hochganghaus. Der Weg bringt Sie um eine Geländekante herum und danach leicht abwärts. Sie kommen zu einer tief eingeschnittenen, schaurigen Schlucht, die Sie über eine eindrucksvolle Hängebrücke überwinden. Anschließend queren Sie noch ein paar Hänge und spazieren hinüber zum

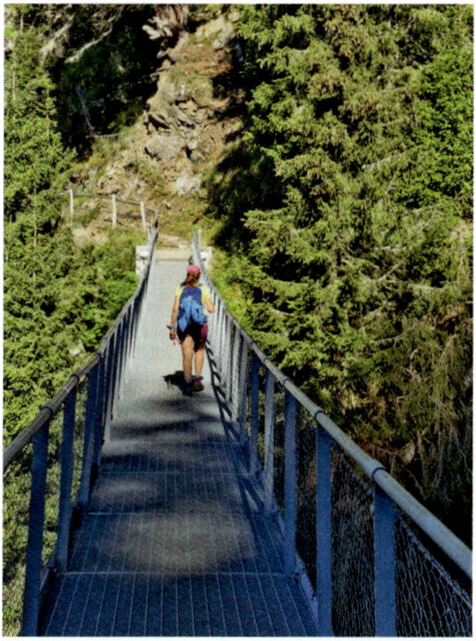

Die Hängebrücke am Weg zum Hochganghaus

✕ Hochganganghaus ❷, das zu einer Pause oder sogar Übernachtung einlädt. Die Hütte besitzt eine große Terrasse und bietet sich für eine Einkehr regelrecht an.

🛏 ✕ Hochganghaus, Vertigenstraße 33, 39020 Partschins, ☏ +39/04 73/44 33 10, 💻 www.hochganghaus.it, ✉ erlacher@hochganghaus.it, 🚪 Anfang Juni bis Ende Oktober tgl., Übernachtung € 30, Ü mit Frühstück € 40, Hüttenschlafsack und Handtuch mitbringen, Bezahlung nur mit Bargeld

Ab dem Hochganghaus geht es nun richtig in die Höhe. Es heißt also: alle Kräfte mobilisieren. Sie folgen dem Weg Nr. 7 in Richtung Hochgangscharte. Gleich nach der Hütte geht es steil los. Im Wiesengelände wandern Sie schwitzend und schnaufend aufwärts, bis Sie in die Schuttregion kommen. Bald wird das Gelände felsiger. Und schon kommt der Kraxel-Spaß: Mit dem Drahtseil in der Hand steigen Sie in vielen Kehren in die Höhe. Wirklich schwierig ist das Gelände nirgendwo, ein gewisses Maß an Trittsicherheit sowie etwas Vorsicht sind aber unbedingt erforderlich. Auf einem kleinen Absatz steht eine Ħ Bank in wirklich exponierter Lage. Von hier können Sie bereits die Menschen in der Hochgangscharte erkennen. Noch ein letzter versicherter Abschnitt und etwas Mut und Sie stehen ebenfalls in der Scharte ❸. Hier können Sie erst einmal verschnaufen und die großartige Landschaft mit dem Langsee bestaunen.

Anschließend folgen Sie dem Weg Nr. 7 nach links. Sie spazieren um den Langsee herum zu einer Wegteilung. Nach links ginge es in ein paar Minuten zum schönen Milchsee. Ihre Wanderung führt Sie aber nach rechts (Markierung Nr. 22). Sie gelangen nun nahe an das Ufer des Langsees ❹. Sie wandern an diesem entlang und erreichen wenig später den kleinen Grünsee ❺, der sich in einer Karmulde unter steilen Felswänden befindet.

Hier treffen Sie auch auf eine Wegteilung. Sie nehmen den rechten Weg in Richtung Oberkaseralm. Gleich zu Beginn bringt Sie der Weg an einem schönen Wasserfall vorbei. Der Steig bietet einen herrlichen Ausblick über das Spronser Tal. Plötzlich stehen Sie an den Ruinen der alten Meraner Hütte. Nun erwartet Sie noch ein steiler Abstieg zur ✕ Oberkaseralm ❻, in der Sie einkehren und übernachten können.

🛏 ✕ Oberkaseralm, Sprons 3, 39019 Dorf Tirol, ☏ +39/04 73/42 42 87, 💻 www.oberkaseralm.it, ✉ oberkaseralm@gmail.com, 🚪 Anfang Juni bis Ende Oktober tgl., Übernachtung mit Frühstück € 27

Nach der gemütlichen Einkehr gehen Sie auf dem Wanderweg kurz in südlicher Richtung bis zu einer Wegteilung. Hier nehmen Sie den rechten Weg (Nr.

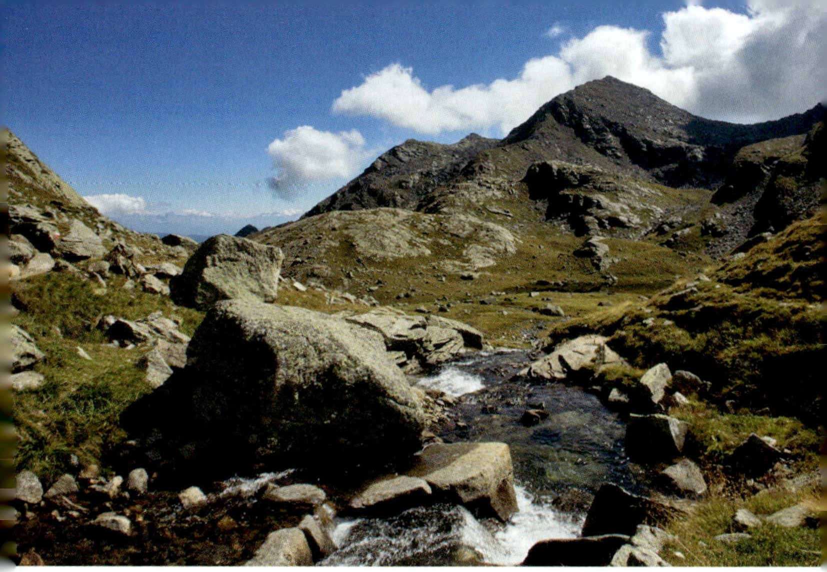

Tolle Landschaft am Weg

22). Auf diesem wandern Sie an der Kaser Lacke und der Pfitscher Lacke vorbei zum Pfitscher Schartl. Hier bekommen Sie noch einmal eine wunderbare Aussicht auf die Umgebung.

Jetzt wandern Sie weiter und kommen wiederum an eine Wegteilung. Sie gehen geradeaus und folgen dem gut ausgebauten Jägersteig durch die steilen Hänge der Mutspitz. Dabei ignorieren Sie die Abzweige zur Bockerhütte.

Nach einem kurzen Gegenanstieg zweigt nach rechts der Gipfelanstieg zur Mutspitz ab, das wäre jetzt allerdings ein zu weiter Abstecher für diese Tour. Sie wandern deshalb geradeaus in Richtung Mutkopf und gelangen zum ✕ Gasthof Mutkopf ❼. Auch hier bietet sich noch einmal eine Einkehr an. Gemütlich auf der Terrasse sitzend haben Sie einen großartigen Blick auf das Meraner Etschtal.

✕ Gasthof Mutkopf, Muthöfeweg 15, 39019 Dorf Tirol, ☏ +39/04 73/22 99 41, 💻 www.talbauer.it, ✉ info@talbauer.it, 🚪 Ende Mai bis Anfang November tgl. 9:00-19:00

Vom Gasthof nehmen Sie den Weg Nr. 22 in Richtung Seilbahn Hochmuth. Dieser führt durch den steilen Wald. Erst kurz vor dem ✕ Gasthaus Steinegg verlassen Sie den Wald. Das Gasthaus selbst lädt mit leckeren lokalen Gerichten zu einer Pause ein.

✕ Gasthaus Steinegg, Muthöfeweg 10, 39019 Dorf Tirol, ☏ +39/04 73/22 99 40, www.steinegg.it, 27.03.-06.11. tgl. 8:30-18:30

Anschließend spazieren Sie an der Aussichtsplattform vorbei zur Bergstation der Hochmuthseilbahn. Auch hier gibt es mit dem ✕ Gasthof Hochmuth noch eine weitere Einkehrmöglichkeit.

✕ Gasthof Hochmuth, Muthöfeweg 8, 39019 Dorf Tirol, +39/33 32/66 84 84, www.hochmuth.it, info@hochmuth.it, 01.04.-06.11. tgl. 7:30-23:00

Zurück an der Bergstation warten Sie auf die nächste Gondel und schweben mit der Seilbahn wieder hinunter nach Dorf Tirol.

☺ Besteigung Mutspitze

Wer keine so lange Rundtour unternehmen möchte, trotzdem aber Lust auf einen schönen Gipfel mit großer Aussicht hat, dem empfehlen wir die Besteigung der Mutspitze.

Hierfür wandern Sie von der Bergstation der Seilbahn auf dem steilen Waldweg hinauf zum Gasthof Mutspitze und links weiter über den Rücken zur Wegteilung. Hier gehen Sie nicht nach rechts in Richtung Spronser Seen, sondern folgen dem linken Weg Nr. 23. Dieser bringt Sie über den steilen Ostgrat ohne besondere Schwierigkeiten zum Gipfelkreuz, von dem Sie eine großartige Rundumsicht auf das Meraner Land und die Berge der Texelgruppe haben. Nach der Gipfelpause wandern Sie wieder auf dem Anstiegsweg zurück zur Bergstation der Hochmuthbahn. (8 km, 950 Hm, 4 Std. 30 Min.)

☺ Meraner Höhenweg

Der erste Wegabschnitt von der Seilbahn Hochmuth bis zum Hochganghaus entspricht einem Teilstück des Meraner Höhenweges. Dieser Höhenweg führt einmal rund um die Texelgruppe. Besonders ist dabei, dass man viele verschiedene Vegetationsstufen erlebt. Für diese Mehrtageswanderung benötigt man zwischen fünf und acht Wandertagen. Wer sich eingehender informieren möchte, kann dies in dem in diesem Verlag erschienenen Wanderführer tun:

📖 Meraner Höhenweg von Werner Bartl, ISBN 978-3-86686-625-6, € 12,90

❽ Auf die Spronser Rötelspitze

Tour für Landschaftsliebhaberinnen und -liebhaber

Die Spronser Rötelspitze erhebt sich oberhalb der Hochgangscharte und führt wie Tour Nr. 7 ebenfalls in den Bereich der märchenhaften Spronser Seen. Ein Teil der Routen ist identisch. Wir haben uns trotzdem entschieden, die Tour als eigenständige Tour aufzunehmen, weil sie eine schöne, etwas kürzere Alternative bietet und den Variantenreichtum des Tourengebiets gut aufzeigt.

⇆ Start/Ziel: Bergstation des Korbliftes zur Leiteralm, GPS N 46°42.171' E 011°06.303'

12,7 km

6 Std. 15 Min.

↑ ↓ 1.148 m/1.148 m

⇧ 1.484-2.624 m

Durchgehend markierte Wege mit verschiedenen Wegnummern. Die Weg-Nr. 24 führt bis zum Hochganghaus, die Nr. 7 in die Hochgangscharte und die Nr. 10 auf den Gipfel.

Anspruchsvolle Wanderung. Gerade der Aufstieg zur Hochgangscharte ist an ein paar Stellen mit Drahtseilen versichert und erfordert Trittsicherheit und Schwindelfreiheit. An der Rötelspitze gibt es eine etwas glatte Felsplatte sowie einen Steilaufschwung mithilfe von Eisenklammern zu bewältigen.

Einkehr an der Leiteralm (km 0,5 und km 11,9) und im Hochganghaus (km 3,2 und km 9,2)

Sitzmöglichkeiten gibt es vor allem bei den beiden Hütten sowie an der Hochgangscharte (km 5 und 7,4) und am Gipfel (km 6,1).

Der Weg ist für Kinder nicht geeignet. Die Tour ist zu lang und schwierig.

Die Tour empfehlen wir mit Hunden nicht.

P Parkplatz an der Talstation der Leiteralm bei Vellau oder am Sessellift von Algund

von Meran mit dem Bus Linie 235 (mehrmals täglich) nach Vellau

Um den Startpunkt der Tour zu erreichen, erwartet Sie gleich zu Beginn ein besonderes Erlebnis: die Fahrt mit den Korblift von Vellau zur Leiteralm. Der Korblift wurde für Wanderinnen und Wanderer entwickelt. Man stellt sich zu zweit in die komplett aus Draht bestehende Gondel. Da auch der Boden aus Draht besteht, sollte man den Tiefblick bei der Fahrt ertragen und am besten sogar genießen können. Etwas Schwindelfreiheit ist also erforderlich.

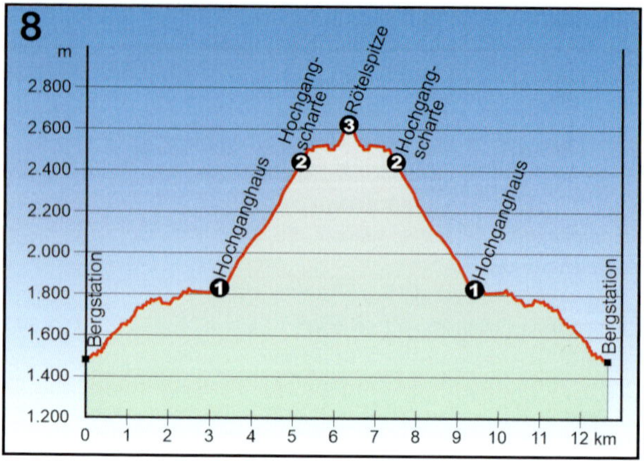

Korblift Vellau, ☏ +39/04 73/44 85 32, www.gasteiger.it, info@gasteiger.it, 01.04.-12.06. und 25.10.-04.11. 8:00-12:00 und 13:00-17:00, 13.06.-17.07. 8:00-12:00 und 13:00-17:30, 18.07.-24.10. 8:00-12:00 und 13:00-18:00, Berg- und Talfahrt € 11 für Erwachsene und € 5 für Kinder

Nach der spektakulären Auffahrt mit dem Lift zur Bergstation spazieren Sie in wenigen Minuten hinauf zur bewirtschafteten Leiteralm.

Leiteralm, Vellau 23, 39022 Algund, +39/338/317 24 84, www.leiteralm.com, info@leiteralm.com, April bis Anfang November tgl.

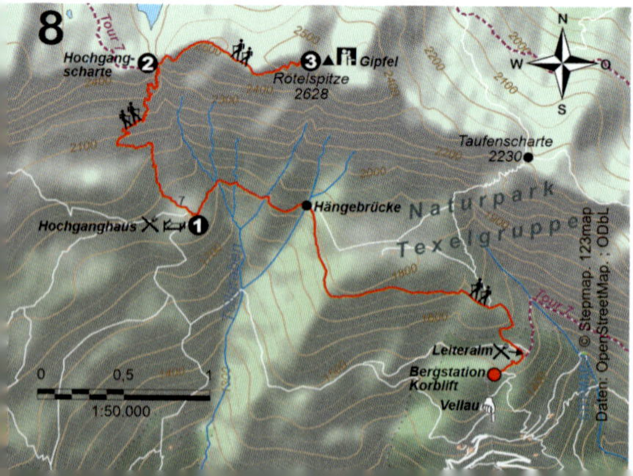

Jetzt ist es einfach noch viel zu früh für eine Pause. Deshalb gehen Sie direkt hinter die Alm, denn dort setzt der Weg in Richtung Hochganghaus an. Sie tauchen nach rechts in den Wald ein. Der Schatten der Bäume ist sehr willkommen, da der Weg bergauf führt.

An einer Wegteilung gehen Sie nicht geradeaus zur Taufenscharte, sondern nach links in Richtung Hochganghaus. Hinter einer Geländekante fällt der Weg leicht ab und schon stehen Sie an der tiefen und düsteren Schlucht. Mutig setzen Sie den ersten Fuß auf die Hängebrücke. Hält. Schon genießen Sie den Gang über diese schaukelnde Brücke. Jetzt ist es nicht mehr weit, nur noch ein paar Hänge sind zu queren und schon erreichen Sie das ✕ Hochganganghaus ❶. Hier können Sie eine erste Einkehr auf der großen Terrasse genießen oder man kann hier auch übernachten.

✕ Hochganghaus, Vertigenstraße 33, 39020 Partschins, ☏ +39/04 73/44 33 10, www.hochganghaus.it, erlacher@hochganghaus.it, Anfang Juni bis Ende Oktober tgl.

Nach der ersten Pause erwartet Sie der steile Teil der Wanderung: Zuerst über ziemlich steile und anstrengende Wiesenhänge erkämpfen Sie sich jeden Höhenmeter. Endlich kommen Sie zum felsigen Teil und genießen in vollen Zügen den mit Drahtseilen versicherten Weg Nr. 7 in die Hochgangscharte ❷. Hier verschnaufen Sie erst einmal gründlich und schauen sich den Zustieg gut an, bevor Sie sich an den weiteren Gipfelaufstieg machen.

Steiler Aufstieg zur Hochgangscharte

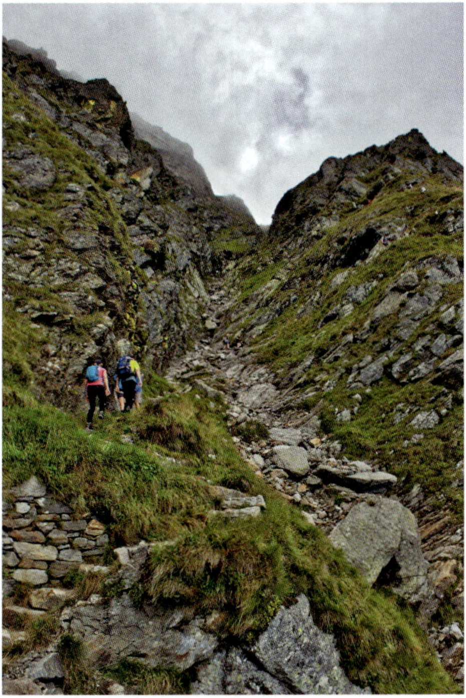

Von hier sind es nicht einmal 200 Höhenmeter bis zum Gipfelkreuz der Spronser Rötelspitze. Aber der Anstieg zieht sich etwas in die Länge. Zuerst wandern Sie von der Hochgangscharte nach rechts über Schutt und leichte Felsstufen bergauf, bis sich das Gelände verflacht. An einer etwas glatten Felsplatte hilft ein Seil über diesen Abschnitt hinweg. Sie gehen ein paar Meter bergab und wandern dann durch flaches Schuttgelände an den steilen Gipfelaufbau der Rötelspitze heran. Immer wieder tauchen nette weiße Blumentupfer zwischen dem Schutt auf – herrlich! Jetzt wird es ernst, Drahtseile und Eisenklammern packen Sie gut an und schon haben Sie die Felsstufe gemeistert. Der Abschluss ist dann verhältnismäßig einfach, Sie steigen hinauf zum großartigen und oft einsamen Gipfel der Spronser Rötelspitze ❸.

Bei klarer Sicht genießen Sie vor allem den Blick zu den magischen Augen der Spronser Seen im Inneren der Texelgruppe.

Der Rückweg erfolgt am Anstiegsweg über die Hochgangscharte, das ✕ Hochganghaus und die ✕ Leiteralm zur Bergstation des Korbliftes. Mit diesem schweben Sie hinunter nach Vellau.

☺ Rundweg über die Taufenscharte

Eine weitere phänomenale Variante ist, die Tour als Rundweg auszugestalten. Diese ist aber sehr lang und sollte durch eine Übernachtung in der Oberkaseralm auf zwei Tage aufgeteilt werden. Wie oben beschrieben wandern Sie von der ✕ Leiteralm über das ✕ Hochganghaus in die Hochgangscharte. Von hier steigen Sie auf die Spronser Rötelspitze und gehen danach wieder zurück in die Hochgangscharte. Nun folgen Sie wie bei Tour Nr. 7 beschrieben dem Wanderweg vorbei am Langsee zur ✕ Oberkaseralm. Es gibt auch Steigspuren von der Rötelspitze nach Norden. Diese sind aber nicht markiert und können schnell in unwegsames Gelände führen. Daher sollten Sie unbedingt auf dem hier beschriebenen, markierten Weg bleiben.

✕ Oberkaseralm, Sprons 3, 39019 Dorf Tirol, ☏ +39/04 73/42 42 87, www.oberkaseralm.it, oberkaseralm@gmail.com, Anfang Juni bis Ende Oktober tgl., Übernachtung mit Frühstück € 27

Der Weiterweg führt wie bei Tour Nr. 7 ins Pfitscher Schartl und von dort weiter zur Wegverzweigung. Hier nehmen Sie den Weg Nr. 25B nach rechts in die Taufenscharte. Von dieser steigen Sie nach Südwesten in den Wald ab, wo Sie auf den Hochgangweg treffen. Auf diesem wandern Sie nach links zur ✕ Leiteralm und weiter zum Korblift. (15,8 km, 1.330 Hm, 8 Std.)

9 Zur Oberkaseralm

Tour für Freundinnen und Freunde von Genuss

Die Oberkaseralm haben Sie vielleicht schon bei der großen Tour um die Spronser Seen besucht. Es gibt aber auch die Möglichkeit, direkt zur Alm zu spazieren und den anspruchsvollen Anstieg über die Hochgangscharte auszulassen. Dafür steigen Sie bei dieser Tour nach der gemütlichen Einkehr direkt nach Dorf Tirol ab. Dadurch wird die Tour allerdings ordentlich lang.

- Start: Bergstation der Hochmuthbahn, GPS N 46°41.475' E 011°07.545';
  Ziel: Talstation der Hochmuthbahn, GPS N 46°42.084' E 011°09.100'
- 14,9 km
- 6 Std. 15 Min.
- 781 m/1.457 m
- 688-2.133 m
- Durchgehend markierte Wege mit verschiedenen Wegnummern. Der Hinweg zur Oberkaseralm erfolgt auf der Nr. 22, der Rückweg auf der Nr. 6.
- Mittelschwere Wanderung. Beim Zustieg zur Oberkaseralm quert man ein paar steilere Hänge. Ansonsten gibt es keine besonders schwierigen Stellen.
- Einkehr im Gasthaus Hochmuth an der Bergstation und Steinegg (km 0,3), dem Gasthaus Mutkopf (km 1,8), an der Oberkaseralm (km 6,4) und der Bockerhütte (km 8,8), weiter im Abstieg kommt man noch nahe am Gasthaus Longfall (Abstecher bei km 11,8) und am Gasthaus Tiroler Kreuz (km 14) vorbei.
- Sitzmöglichkeiten gibt es vor allem bei den beiden Hütten.
- Der Weg ist für Kinder nicht geeignet. Die Tour ist zu lang und schwierig.
- Die Tour empfehlen wir mit Hunden nicht.
- Parkplatz an der Talstation der Seilbahn Hochmuth bei Dorf Tirol
- von Meran mit dem Bus Linie 221 (alle 15 Minuten) nach Tirol und weiter mit der Linie 222 (alle 15 Minuten) zur Talstation der Seilbahn
- Der Weg kann durch eine Übernachtung in der Oberkaseralm oder in der Bockerhütte auf zwei Tage aufgeteilt werden.

Zuerst fahren Sie mit der Seilbahn vom Dorf Tirol nach Hochmuth.

Seilbahn Hochmuth, +39/04 73/92 34 80, www.seilbahn-hochmuth.it, info@seilbahn-hochmuth.it, Mitte März bis Mitte November durchgehender Betrieb 7:30-18:00, Juli bis September bis 19:00, Berg- und Talfahrt € 13,50 für Erwachsene und € 5 für Kinder

Von der Bergstation der Hochmuthbahn gehen Sie den umgekehrten Weg wie bei der Tour Nr. 7. Sie wandern zuerst hinauf zur Aussichtsplattform und vorbei den Gasthäusern Hochmuth und Steinegg.

Gasthof Hochmuth, Muthöfeweg 8, 39019 Dorf Tirol, +39/33 32/66 84 84, www.hochmuth.it, info@hochmuth.it, 01.04.-06.11. tgl. 7:30-23:00

♦ Gasthaus Steinegg, Muthöfeweg 10, 39019 Dorf Tirol, +39/04 73/22 99 40, www.steinegg.it, 27.03.- 06.11. 8:30-18:30

Von hier gehen Sie rechts in den Wald und steil hinauf zum Gasthaus Mutkopf ❶. Hier können Sie erst einmal verschnaufen. Zu lange sollten Sie sich aber nicht aufhalten, da der Weg zur Oberkaseralm noch weit ist.

Gasthof Mutkopf, Muthöfeweg 15, 39019 Dorf Tirol, +39/04 73/22 99 41, www.talbauer.it, info@talbauer.it, Ende Mai bis Anfang November tgl. 9:00-19:00

Vom Gasthof wandern Sie bergauf über den Rücken bis zum Abzweig des Wegs zur Mutspitze. Hier beginnt der Jägersteig, der durch die steilen Hänge der Mutspitze führt. Gleich zu Beginn steigen Sie ein paar Meter bergab. Anschlie-

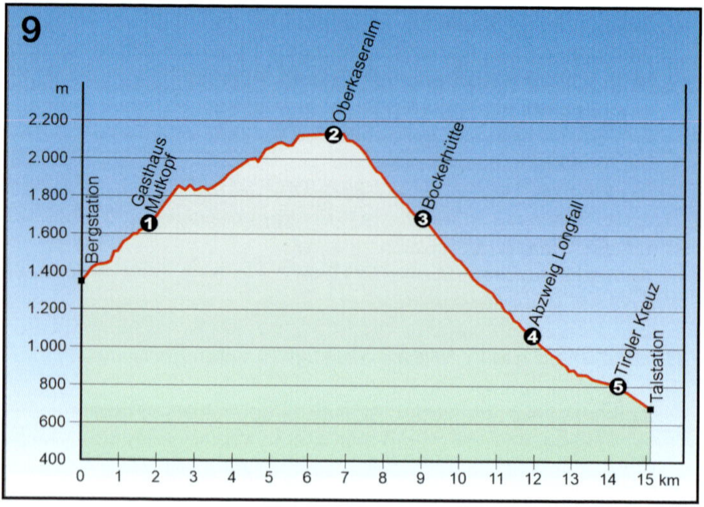

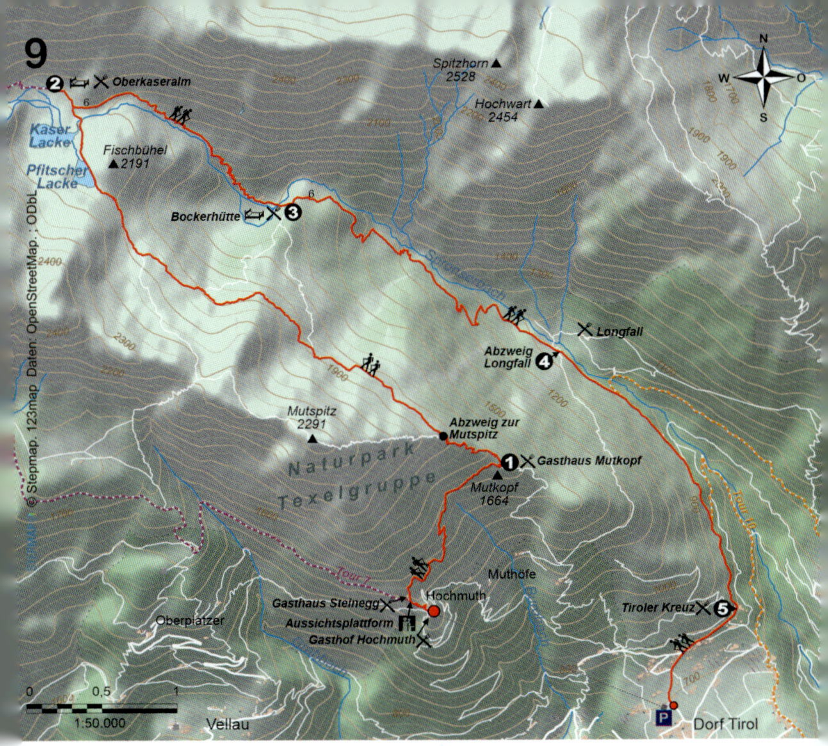

ßend folgen Sie dem Steig immer leicht ansteigend bis ins Pfitscher Schartl. Nun fällt der Weg leicht ab und Sie wandern vorbei an Pfitscher Lacke und Kaser Lacke bis zur ✗ Oberkaseralm ❷. Eine ausgiebige Einkehr lohnt sich hier auf alle Fälle.

🛏 ✗ Oberkaseralm, Sprons 3, 39019 Dorf Tirol, ☎ +39/04 73/42 42 87, 💻 www.oberkaseralm.it, ✉ oberkaseralm@gmail.com, 🚪 Anfang Juni bis Ende Oktober tgl., Übernachtung mit Frühstück € 27

☺ Man kann aber auch überlegen, in der gemütlichen Alm zu übernachten. Dann sollten Sie sich unbedingt noch einen Abstecher zu den Spronser Seen gönnen, insbesondere zu dem nah erreichbaren Grünsee und Langsee. Hier können Sie sich am Ufer ins Gras setzen und die wunderschöne Landschaft genießen, bevor Sie für Abendessen und Nachtruhe in die Oberkaseralm zurückkehren.

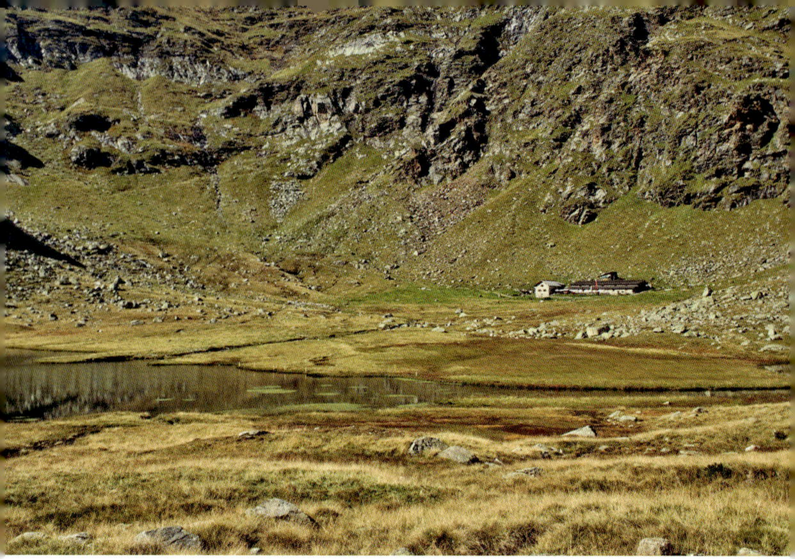

Seen an der Oberkaseralm

Sie können die Tour hier bereits beenden. Der Rückweg erfolgt am einfachsten entlang des Hinweges zur Bergstation der Hochmuthseilbahn.

Aufgrund der Abwechslung und der landschaftlichen Schönheit empfehlen wir allerdings den nun beschriebenen Abstieg bis ins Dorf Tirol. Da dieser Weg aber recht lange ist, sollten Sie dabei unbedingt in der Oberkaseralm übernachten.

Falls Sie sich für den Abstieg nach Dorf Tirol entscheiden, nehmen Sie den Weg mit der Markierung Nr. 6 durch das Spronser Tal. Ist er zu Beginn noch recht flach, so geht es bald steil hinunter bis zur Bockerhütte ❸. Die Hütte bietet neben einer Einkehr auch eine Übernachtungsmöglichkeit an.

Bockerhütte, Sprons, 39019 Dorf Tirol, +39/349/770 76 26, www.bockerhuette.com, info@bockerhuette.com, Mitte April bis Mitte Oktober tgl., Übernachtung € 28

Von hier wandern Sie weiterhin auf dem Weg Nr. 6 talwärts. Er bringt Sie an ein paar Almhütten vorbei und taucht nach der letzten Alm in den Wald ein. Durch diesen gehen Sie entlang des lustig rauschenden Spronser Baches talwärts bis zu einer Wegverzweigung ❹.

Hier können Sie nach links in wenigen Minuten zum Gasthaus Longfall gehen. Besonders der Kaiserschmarrn ist gegen Ende der Tour eine Empfehlung.

Gasthaus Longfall, Spronserweg 1, 39019 Dorf Tirol, +39/04 73/92 36 74, info@longfall.it, Anfang Mai bis Ende Dezember Sa-Do 8:00-22:00, Fr Ruhetag

Sie wandern weiter auf dem Schotterweg in Richtung Dorf Tirol. Der Weg führt lange durch den Wald bis zum Hotel Gasthaus Tiroler Kreuz ❺.

Hotel Gasthaus Tiroler Kreuz, Haslachstraße 11, 39019 Dorf Tirol, +39/04 73/92 33 04, www.tirolerkreuz.com, info@tirolerkreuz.com, tgl. 11:30-14:00 und 18:00-20:30, Imbisse und kalte Speisen auch außerhalb dieser Zeiten

Vom Tiroler Kreuz spazieren Sie auf der Straße durch den nördlichen Ortsteil von Dorf Tirol bis zur Talstation der Hochmuthseilbahn mit dem Parkplatz oder der Bushaltestelle.

☺ Themenwege bei Dorf Tirol

Den landschaftlichen Charme von Dorf Tirol entdeckt man am besten auf einem der Themenwege um das Dorf. Obst- und Weinbau spielen hier eine große Rolle. Das Dorf widmet den Naturschätzen eigene Themenwege: den Apfelweg und den Weinweg. Beide sind eher kürzere Spaziergänge (45 Min. auf dem Weinweg, 1 Std. 15 Min. auf dem Apfelweg), bieten sich aber ideal an für ein erstes Erkunden der Schätze des Ortes. Zudem gibt es noch weitere Promenaden und Spazierwege. Weitere Informationen erhält man beim Tourismusbüro im Dorf.

Tourismusverein Dorf Tirol, Hauptstraße 31, 39019 Dorf Tirol, +39/04 73/92 33 14, www.merano-suedtirol.it/de/dorf-tirol/info-service/informationen/kontakt-oeffnungszeiten.html, info@dorf-tirol.it, ab Anfang Mai Mo-Do 8:30-13:00 und 14:00-17:30, Fr 8:30-13:00 und 14:00-17:00

⑩ Der Kuenser Waal

Tour für Freundinnen und Freunde von wildem und sanftem Wasser

Natürlich gibt es viele Waalwege um Meran. Doch der Kuenser Waalweg gehört unserer Meinung nach zu den reizvollsten Waalwegen überhaupt. Teilweise verläuft er auf sehr romantischen Steigen und führt am Ende noch zu einem eindrucksvoll tosenden Wasserfall. Trotz der Schönheit ist der Weg relativ unbekannt und daher nicht so überlaufen wie manch anderer Weg.

→ Start: Bushaltestelle in der Ortsmitte von Riffian, GPS N 46°42.076' E 011°10.498'; Ziel: Bushaltestelle in Dorf Tirol, GPS N 46°41.204' E 011°09.219'

9,3 km

3 Std. 30 Min.

↑↓ 468 m/396 m

⇧ 503-971 m

Durchgehend markierte Wege mit verschiedenen Wegnummern. Der Zustieg zum Riffianer Waal erfolgt auf dem Weg Nr. 3A, der folgende Abschnitt in Richtung Mutlechner erfolgt am Weg Nr. 21. Der Abstieg erfolgt erst auf Weg Nr. 6, dann auf Weg Nr. 6B zum Wasserfall. Auf Weg Nr. 9 gehen Sie zum Tiroler Kreuz und weiter nach Dorf Tirol.

Eher einfache Wanderung. Die Hänge am Waalweg sind teilweise steil abfallend, trotzdem ist der Weg gut zu begehen. Bei Nässe sollte der Abstieg zum Wasserfall allerdings ausgelassen werden.

Unterwegs keine Einkehr. Das Gasthaus Longfall liegt etwas oberhalb des hier beschriebenen Wegverlaufs. Am Ende der Wanderung in Dorf Tirol gibt es mehrere Einkehrmöglichkeiten.

Sitzmöglichkeiten am Kuenser Waal auf mehreren Bänken (ab km 2,4)

Der Weg ist für Kinder ab 8 Jahren gut geeignet. Der Wegverlauf nah am Wasser macht Spaß.

Die Tour kann gut mit Hunden begangen werden.

P Parkplatz idealerweise in Meran an der Therme. In Riffian können Sie am öffentlichen Parkplatz an der Schule parken.

Von Meran mit dem Bus Linie 240 (halbstündlich) nach Riffian, zurück mit Linie 221(alle 15 Minuten) nach Meran. Die Verbindung vom Dorf Tirol nach Riffian würde auch immer über Meran verlaufen.

Von der Bushaltestelle in Riffian folgen Sie dem Wegweiser in Richtung Waalweg. Der Weg führt steil zwischen den Häusern hindurch. Auf dem letzten steilen Abschnitt wandern Sie durch die freien Hänge hinauf zum schattigen Riffianer Waalweg. Auf diesem gehen Sie nach links und genießen bald eine wundervolle Aussicht auf das Talbecken von Meran und die gegenüberliegenden Berghänge.

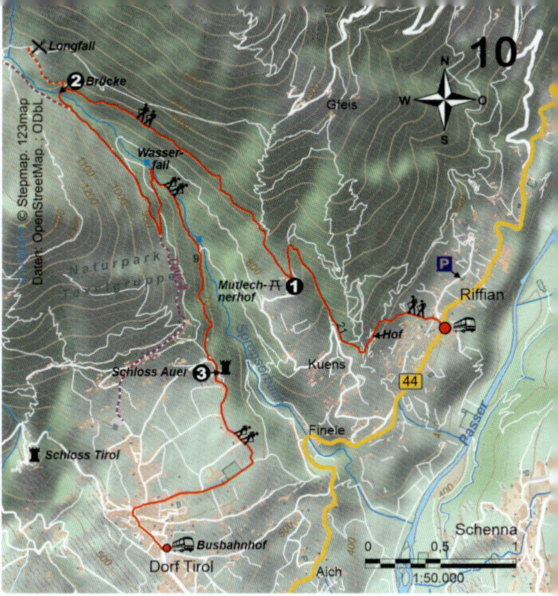

Sie gehen an einem Hof vorbei und gelangen auf eine Teerstraße, die Sie mit einer Rechtskurve zu einem kleinen Tälchen bringt. Hier heißt es aufpassen. Die Meraner Waalrunde führt links auf der Fahrstraße weiter. Sie verlassen die Waalrunde aber und folgen dem Weg mit der Markierung Nr. 21 aufwärts. Der Steig bringt Sie durch ein dicht bewaldetes Tälchen und wird dabei immer steiler und anstrengender.

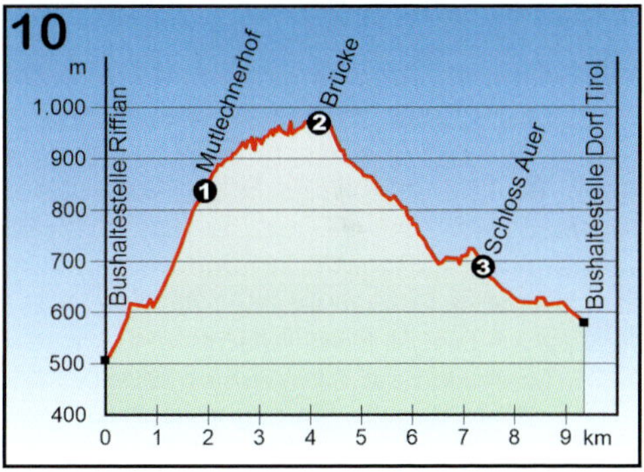

Sie kommen an eine Schotterstraße und wandern auf dieser nach links bis zum Mutlechner ❶, einem Hof. Rechts neben dem Hof führen Treppenstufen in Richtung Kuenser Waal. Sie passieren eine ⩪ Bank und ein Wegkreuz. Hier bietet sich noch einmal ein wunderschöner Blick auf die Umgebung. Nach einem Wasserhäuschen erreichen Sie schließlich den Kuenser Waalweg. Ziemlich romantisch zieht der Waalweg am Hang entlang. Felsen zieren den Weg, immer wieder geben die Bäume den Blick auf die Umgebung frei und neben Ihrem Weg

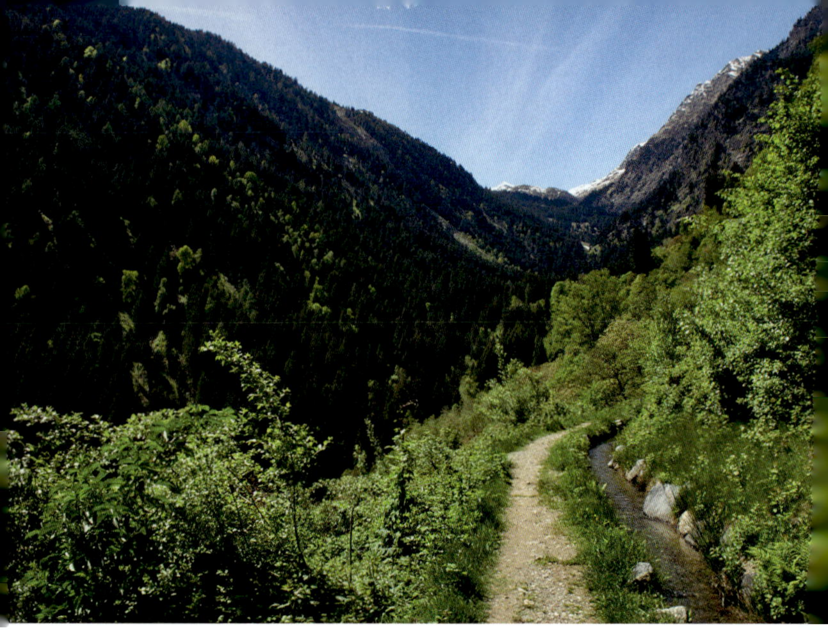

Sie wandern auf schönem Weg taleinwärts

plätschert das Wasser meditativ im Waal. Mehrere ⛩ Bänke bieten sich für eine Rast an. Am Ende wandern Sie leicht abwärts zu einer Wegkreuzung an einer Brücke ❷. Eindrucksvoll rauscht das Wasser des Spronser Baches unter Ihnen hindurch.

> ↳ Wer eine Einkehrmöglichkeit sucht, der kann von hier in 15 Minuten zum ✕ Gasthaus Longfall hinaufwandern.
>
> ✕ Gasthaus Longfall, Spronserweg 1, 39019 Dorf Tirol, ☎ +39/04 73/92 36 74, ✉ info@longfall.it, 🚪 Anfang Mai bis Ende Dezember Sa-Do 8:00-22:00, Fr Ruhetag

Sollten Sie den Abstecher zum Gasthaus nicht unternehmen, gehen Sie über die Brücke und treffen auf eine Schotterstraße. Dieser folgen Sie in Richtung Dorf Tirol. Die erste Abzweigung des unteren Kuenser Waals ignorieren Sie, wenden sich dann aber bei der zweiten Abzweigung nach links. Der Weg wird bald zu einem schmalen Steig und bringt Sie hinunter zu einem grandiosen Wasserfall. Wie beeindruckend dieses Spektakel doch ist!

Schließlich wandern Sie oberhalb des tosenden Wassers weiter talauswärts. An einer Wegteilung nehmen Sie den rechten Weg (Nr. 9), der leicht bergauf zieht. Nun gehen Sie immer geradeaus zum Schloss Auer ❸. Das Schloss stammt aus dem 13. Jahrhundert, ist heute bewohnt und bietet Ferienwohnungen zur Vermietung an.

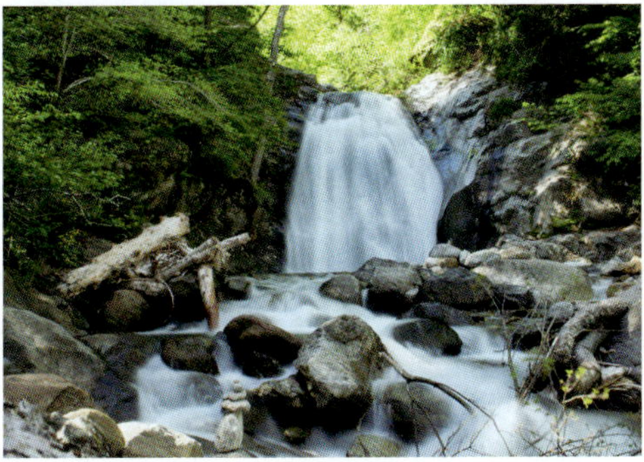

Wasserfall kurz vor Dorf Tirol

Sie spazieren auf dem Weg Nr. 9 weiter geradeaus, bis er nach rechts abzweigt. Inzwischen ist es aber kein Weg mehr, sondern eine Straße. Sie folgen weiter der Markierung Nr. 9 und erreichen die Ortsmitte von Dorf Tirol, wo Sie einkehren können. Anschließend gehen Sie weiter zum Busbahnhof und fahren mit dem Bus zurück nach Meran.

☺ Tappeinerweg

Der Tappeinerweg gehört zu den schönsten Höhenpromenaden Europas. Er führt von Meran bis Dorf Tirol. Sie spazieren durch eine mediterrane Vegetation. Ihren Weg säumen Pinien, Himalajazedern, Korkeichen, Ölbäume, Eukalyptus, Bambusarten und Magnolien, Agaven, Aloen und Feigenkakteen. Von Dorf Tirol gehen Sie erst vorbei am Schloss Tirol in das kleine benachbarte Gratsch. Von hier wandern Sie über den Tappeinerweg aussichtsreich bis nach Meran. Immer wieder laden Bänke, Restaurants und Cafés zur Pause ein. (3,2 km, 86 Hm Abstieg, 31 Hm Aufstieg, 1 Std.)

Therme Meran

Wenn man schon an ihr parkt, dann möchten wir hier die Therme Meran nicht unerwähnt lassen. Die moderne Therme hat über 7.000 Quadratmeter Thermenlandschaft mit fünfzehn Pools und acht Saunen – ideal zum Entspannen nach einem langen Wandertag, für einen Ruhetag oder bei Schlechtwetter.

Therme Meran, Piazza Therme 9, 39012 Meran, ☏ +39/04 73/25 20 00, www.termemerano.it, info@termemeran.it, Pools Mo-So 9:00-22:00, Sauna Mo-Fr 13:00-22:00, Sa & So 9:00-22:00, Tagesaufenthalt in der Therme € 22 für Erwachsene, € 14 für Kinder, Tagesaufenthalt Therme und Sauna € 28 für Erwachsene

Passeiertal

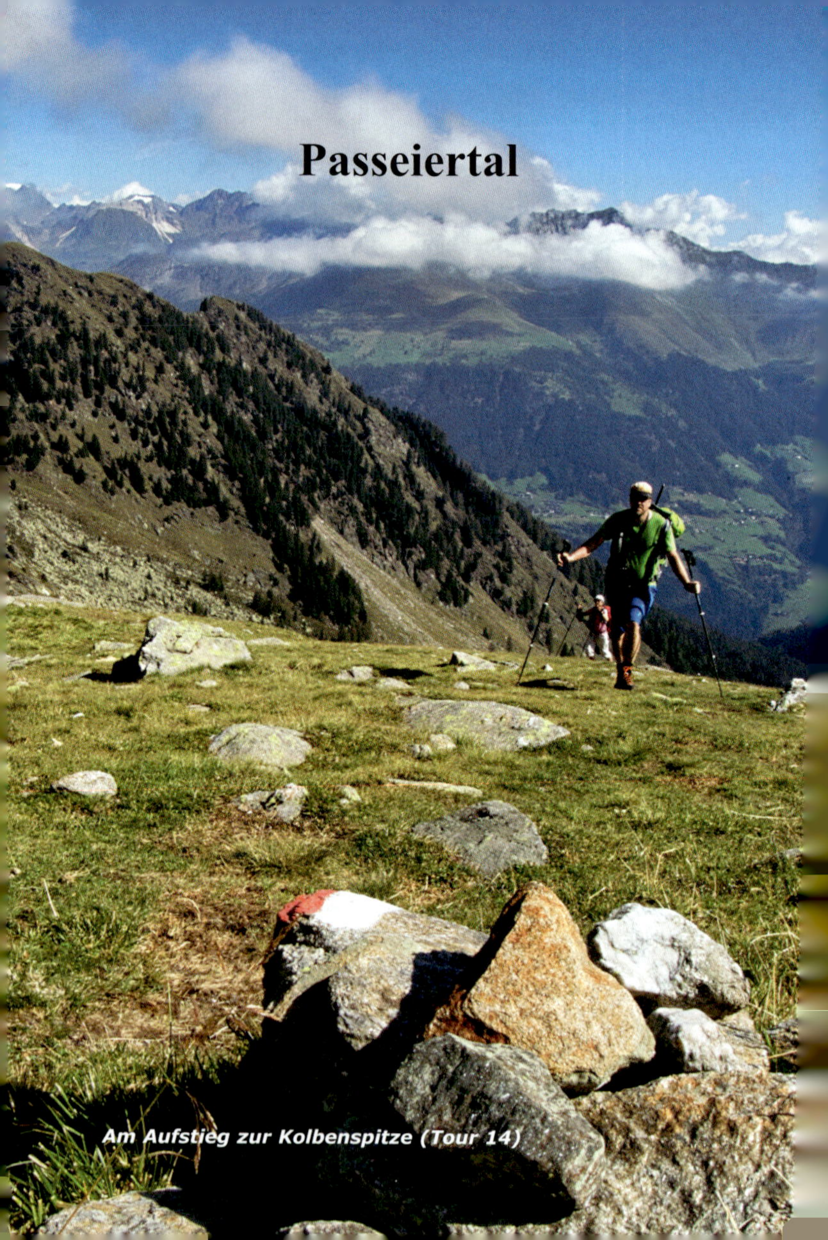

Am Aufstieg zur Kolbenspitze (Tour 14)

⑪ Zum Seebersee

Tour für Genießerinnen und Genießer

In der Nähe der berühmten Timmelsjochstraße findet sich eine eher unbekannte Tour. Fährt man auf dem Weg von Österreich nach Meran, dann bleibt man normalerweise nicht stehen. Das ist aber sehr schade. Die vorgeschlagene Wanderung bringt Sie zu einem idyllisch gelegenen See vor eindrucksvoller Kulisse und bietet zwei Almen für eine gemütliche Einkehr.

- Start/Ziel: Parkplatz Seeberalm an der Timmelsjochstraße, GPS N 46°52.448' E 011°06.475'
- 7,9 km
- 2 Std. 45 Min.
- ↑ ↓ 325 m/325 m
- ⇧ 1.825-2.147 m
- Durchgehend markierte Wege mit verschiedenen Wegnummern. Der Weg 20A führt zur Seeberalm, der Weg 43 zum See. Der Weg zur Oberglaneggalm erfolgt entlang der Wegnummer 43A und der Abstieg zum Parkplatz auf Weg 20.
- einfache Wanderung auf Schotterstraßen und guten Wanderwegen, ein kurzer steilerer Anstieg zum See sowie ein steiler Abstieg am Ende der Wanderung
- Einkehr in der Seeberalm (km 1,2) und der Oberglaneggalm (km 7,2)
- Am See (km 4) kann man schön am Ufer sitzen. Weitere Sitzmöglichkeiten gibt es an den beiden Almen.
- Der Weg ist für Kinder ab 8 Jahren gut geeignet. Auf dem Rückweg können sie mit etwas Aufmerksamkeit Murmeltiere beobachten.
- Die Tour kann gut mit Hunden begangen werden. Auf den Almweiden sollten sie angeleint werden.
- P Parkplatz Seeberalm. Ist dieser voll, kann man auch etwas oberhalb in der Nähe der Oberglaneggalm parken.
- von Meran mit dem Bus Linie 240 (halbstündlich) zum Timmelsjoch

Den Parkplatz zur Seeberalm erreichen Sie auf einer schmalen, etwas abenteuerlichen Schotterstraße. Nach dem Abstellen Ihres Autos spazieren Sie auf der breiten Schotterstraße leicht abwärts zum Seeber Bach und zur nahen ✕ Seeberalm ❶. Hier besteht die Möglichkeit einer ersten Einkehr. Die Alm hat eine lange Geschichte. Sie wurde bereits 1288 urkundlich erwähnt. Hier befanden sich einstmals drei ganzjährig bewohnte Bauernhöfe. Die Dauersiedlung ist verschwunden. Kühe weiden aber noch immer in der Umgebung der Alm.

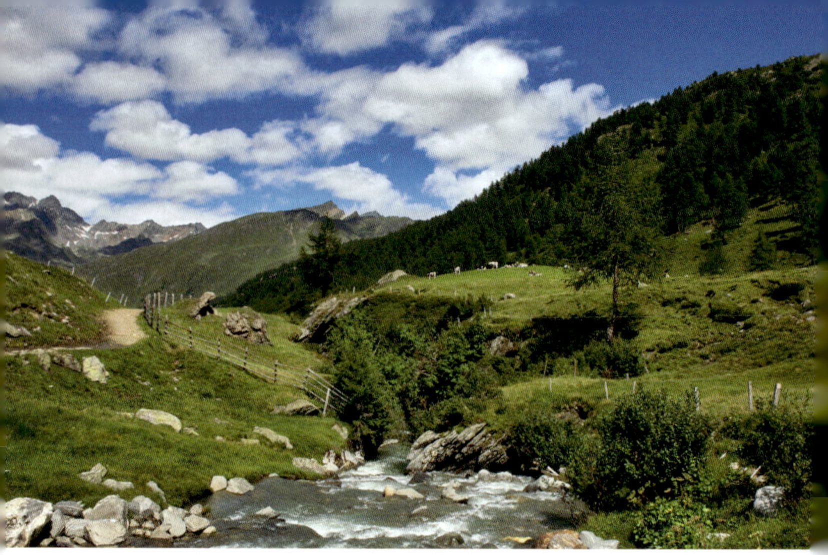

Der Weg führt durch ein schönes Tal

✕ Seeberalm, Timmelsjochstraße, 39013 Moos in Passeier, +39/342/928 85 39, guflerfabian26@gmail.com, im Sommer tgl.

Nach einer kleinen Rast gehen Sie an der Almhütte vorbei und folgen dem Weg Nr. 43 weiter taleinwärts. Ein kurzes steileres Stück bringt Sie zu einer Brücke, wo sich die Wege teilen. Hier bleiben Sie stehen und blicken talauswärts in Richtung Stubaier Alpen. Auf der gegenüberliegenden Talseite erheben sich die Gipfel vom Timmelsjochberg bis zur Schwarzwandspitze. Nach diesem kurzen Blick zurück wenden Sie sich wieder Ihrem Wanderweg zu. Auch der Talschluss vor Ihnen ist nämlich sehr eindrucksvoll. Vor Ihnen erheben sich Hochfirst und Liebener Spitze, zwei anspruchsvolle, im Sommer eher einsame Hochtourengipfel.

Sie wandern weiter auf dem Weg Nr. 43, bis sich das Gelände verflacht. Hier zweigt Ihr Weg nach Nordwesten ab und führt über eine Geländestufe bergauf. Bald schon sehen Sie den Seebersee ❷ vor sich. Idyllisch liegt dieser in diesem Talschluss, umgeben von grünen Wiesen. Mit der Szenerie im Hintergrund handelt es sich bei dem See um einen wirklich magischen Ort. Sie umrunden den See, setzen sich ans Ufer und genießen die wunderbare Landschaft und Atmosphäre.

Nach der Pause am Seebersee machen Sie sich auf den Rückweg in Richtung Timmelsjochstraße. Hierfür folgen Sie dem Weg Nr. 43A. Dieser führt durch himmlisches Wiesengelände. Häufig können Sie hier Murmeltiere beobachten, die ihre Bauten im Gelände haben. Gerade für Kinder ist das ein besonderes Erlebnis. Hunde sollten Sie hier anleinen, um die Tiere nicht zu verschrecken.

Der Weg bringt Sie zu einer Abzweigung. Nach links bergauf würde der Weg Sie zur ehemaligen Essener Hütte bringen.

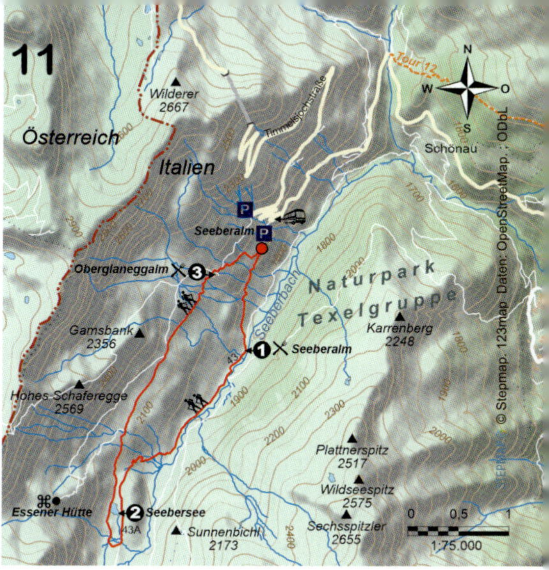

↳ Zur ehemaligen Essener Hütte

Hoch über dem Seebertal stand die Essener Hütte. Sie war nach ihrer Erbauung um die Jahrhundertwende ein beliebter Stützpunkt in dieser Region. Vor einigen Jahrzehnten brannte die Hütte ab. Man konnte sich nie auf einen Neubau einigen, was auch mit der nahen, inzwischen erbauten Timmelsjochstraße zu tun hat. Der Weg hinauf zu diesem einsamen Platz auf 2.405 m Höhe lohnt sich. Die Szenerie ist wunderschön und es handelt sich hier um einen ziemlich einsamen Platz im beliebten Südtirol. An der Wegabzweigung kommen Sie vorbei, wenn Sie vom

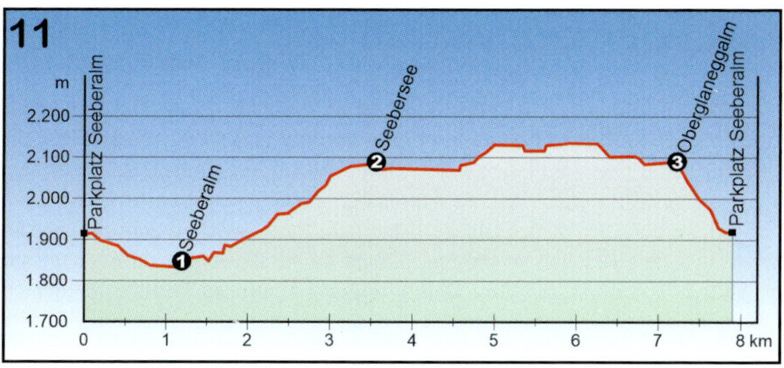

Seebersee zur Oberglaneggalm wandern. Wenn Sie möchten, können Sie die Stunde noch hinaufwandern und die Einsamkeit und landschaftliche Schönheit genießen. (4,3 km, 259 Hm, 1 Std. 45 Min. für den Abstecher und wieder zurück zur Wegteilung)

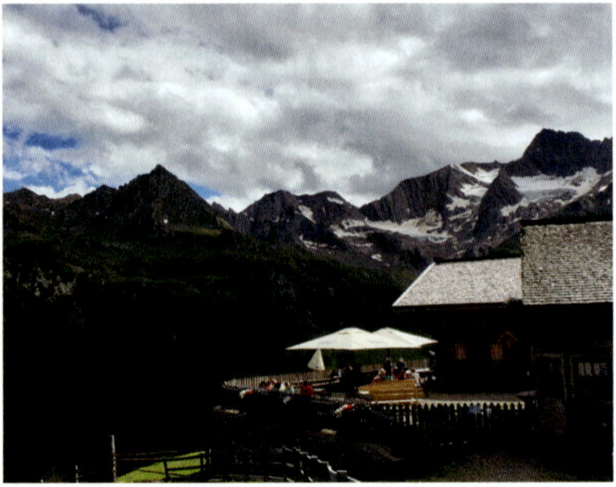

Die Oberglaneggalm

Sie ignorieren diesen nach links abzweigenden Weg und wandern weiter talauswärts bis zur Oberglaneggalm ❸. Die Almhütte liegt sonnig auf einer kleinen Terrasse in den steilen Osthängen und bietet sich zum Abschluss als gemütliche Einkehrstation an. Auf der Sonnenterrasse lassen Sie sich von der Familie Pixner verwöhnen.

Oberglaneggalm, Timmelsjochstraße, 39013 Moos in Passeier, +39/328/633 26 96, im Sommer tgl.

Anschließend folgen Sie dem Wegweiser, der Sie nach rechts abwärts zum Parkplatz schickt. Auf dem steilen Weg Nr. 20 steigen Sie hinunter zum Parkplatz und erreichen bald Ihr Auto.

Timmelsjoch

Der Pass zwischen dem österreichischen Ötztal und dem Südtiroler Passeiertal war schon früh ein Handelsweg. 1241 wurde er zum ersten Mal urkundlich erwähnt. 1955 begann Österreich mit dem Bau der nordseitigen Straße. Auf der Südseite hatte man 1933 begonnen, eine Militärstraße zu errichten, was aber 1936 eingestellt wurde. Erst ab September 1968 konnte die Straße offiziell genutzt werden. Sie ist der einzige befahrbare Pass zwischen dem Brenner im Osten und dem Reschen im Westen. Sobald die Straße schneefrei ist, ungefähr ab Mitte Juni, kann sie bis Mitte Oktober/Anfang November befahren werden.

⑫ Nach St. Martin am Schneeberg

Tour für Historikerinnen und Historiker

Im hinteren Passeiertal bringt Sie diese Wanderung nach St. Martin am Schneeberg. Hier findet man Überreste des Bergbaus, der lange Zeit hier oben betrieben wurde. Neben der wunderschönen Landschaft und dem gemütlichen Berggasthaus können Sie historische Stollentouren unternehmen.

Start/Ziel: Parkplatz an der Timmelsbrücke, GPS N 46°53.470' E 011°07.471'
17,6 km
6 Std. 15 Min.
860 m/860 m
1.753-2.613 m
durchgehend markierter Weg mit der Markierung Nr. 29 zur Hütte, für den Abstecher zum kleinen Schwarzsee Nr. 28A und für den Weg zum Kaindlstollen und zurück zur Hütte Nr. 28B
Mittelschwere Wanderung auf guten Steigen. Nur der letzte Abschnitt nach St. Martin ist teilweise steil.
Einkehr in St. Martin am Schneeberg (km 6,3 und 11,3)
Sitzmöglichkeiten an der Hütte (km 6,3 und 11,3) und am See (km 8,3)
Der Weg ist für Kinder ab 10 Jahren gut geeignet. Man kann auch problemlos eine Hüttennacht einbauen und das Bergwerk am nächsten Tag erkunden.
Die Tour kann gut mit Hunden begangen werden.
Parkplatz Timmelsbrücke
von Meran mit dem Bus Linie 240 (halbstündlich) zur Timmelsbrücke
Sie können den Weg auf zwei Tage aufteilen und in der Schneeberghütte übernachten.

Am **P** Parkplatz setzt der Wanderweg mit der Nr. 29 an, auf dem Sie starten. Sie wandern durch freies Gelände und bekommen einen schönen Blick auf die gegenüberliegende Talseite. Von rechts mündet ein Weg ein und gemeinsam mit diesem steigen Sie steil zum Wald hinauf.

Anschließend folgt eine lange Hangquerung im Wald, die nur mehr leicht ansteigend und damit deutlich weniger anstrengend ist. Noch im Wald erreichen Sie die Abzweigung zur Oberen Gostalm ❶, die Sie ignorieren. Sie wandern weiter auf dem Weg Nr. 29 in Richtung St. Martin im Schneeberg.

Das Gelände wird freier und gibt Ihnen den Blick auf die eindrucksvollen Berge auf der gegenüberliegenden Hangseite frei. Der Weg quert steile Hänge

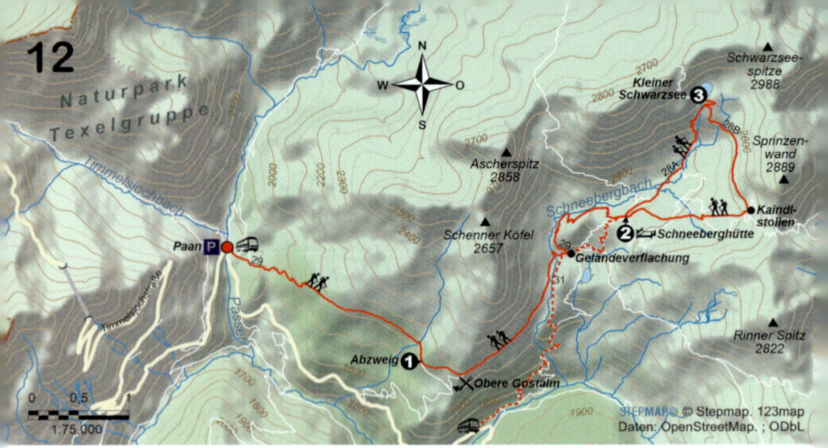

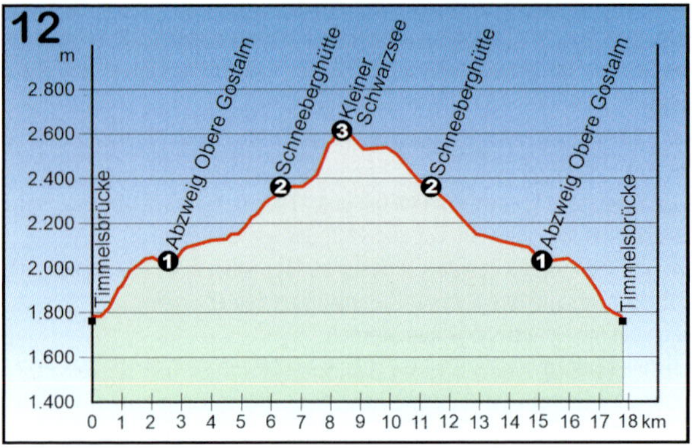

und führt zu einer Geländeverflachung. Hier münden mehrere Wege von rechts ein. An dieser Stelle sehen Sie auch die ersten Überreste des Bergbaus. Es gibt nun mit dem Weg Nr. 27 und 29 zwei Wege, die hinauf nach St. Martin führen. Der linke Weg ist nicht ganz so steil und macht einen Bogen um eine Erhebung. Hier steigen Sie schwitzend bergauf. Bald schon erreichen Sie die ✕ Schneeberghütte ❷, eine alte Knappenunterkunft, die heute eine gemütliche Berghütte ist. Hier lohnt es sich, einzukehren oder auch zu übernachten. Die Wirtsleute verwöhnen Sie mit leckeren Südtiroler Gerichten.

🛏 ✕ Schneeberghütte, Timmelsjochstraße, 39013 Moos in Passeier,
☏ +39/04 73/64 70 45, 💻 www.schneeberg.org,

schutzhuette@schneeberg.org, Mitte Juni bis Mitte Oktober tgl., Übernachtung ab € 29 für Alpenvereinsmitglieder, sonst ab € 34, Ü mit Frühstück ab € 39, Aufpreis Halbpension € 20

⌘ Erlebnisbergwerk Schneeberg

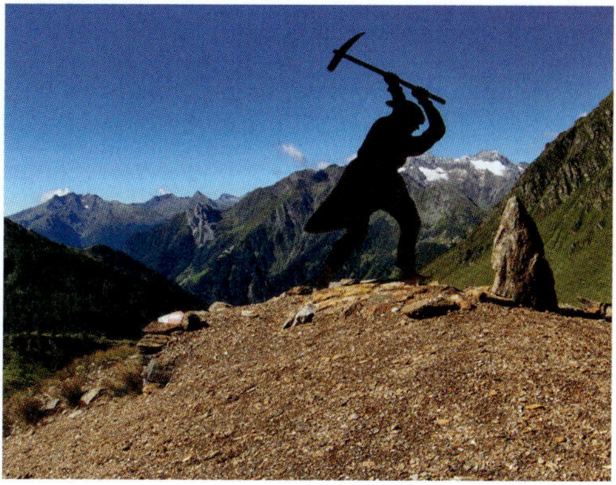

Symbol des Bergbaus am Weg

Das Bergwerk Schneeberg gilt als das höchste Bergwerk Europas und war das bedeutendste Zinn- und Bleibergwerk in Tirol. Das Gelände reicht bis ins Ridnauntal auf der östlichen Seite der Gebirgskette. Es wurde im 12. Jahrhundert errichtet und besaß 150 km Stollen. Die Geschichte ist in der Schutzhütte und im Schauraum dokumentiert. 1969 wurde das Bergwerk stillgelegt und zu einem Museum umfunktioniert. Es gibt zwei Besichtigungstouren für das Bergwerk. Die Erlebnistour Erzrevier startet um 9:30 Uhr an der Schneeberger Brücke der Timmelsjochstraße. Nach einem gemeinsamen Aufstieg zum Schutzhaus besucht man dort den Schauraum. Nach einer Mittagspause erlebt man eine Führung durch das Erzrevier und das Knappendorf. Die Tour „Abenteuer Schneeberg" startet bereits um 8:30 Uhr. Es ist eine Ganztagestour bis 18:30 Uhr. Nach dem Aufstieg zum Schutzhaus und der Besichtigung des Schauraums steigt man zur Schneebergscharte auf. Man besucht den Poschhausstollen, fährt mit der Grubenbahn in den Berg und verlässt das Bergwerk wieder über den Karlstollen.

♦ Erlebnisbergwerk Schneeberg des Landesmuseums Bergbau,
+39/348/310 04 43, www.bergbaumuseum.it,
schneeberg@landesmuseum.it, Führungen von Mitte Juni bis Mitte Oktober, Erlebnistour Erzrevier € 25, Abenteuertour Schneeberg € 30, Anmeldung erforderlich

Wer möchte, macht nach der Einkehr noch einen Abstecher zum Kleinen Schwarzsee ❸. Am Weg Nr. 28A wandern Sie lange Zeit sehr flach taleinwärts. Erst am Ende des Talschlusses schlängelt sich der Weg in vielen Serpentinen

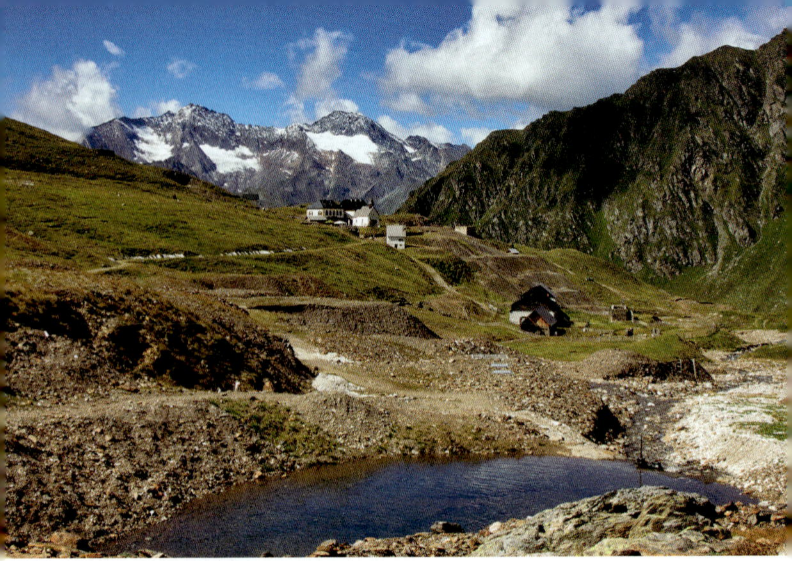

Blick zurück zur Berghütte

hinauf zum See, der idyllisch unter der Schwarzseescharte liegt. Sie genießen von hier oben eine wunderbare Aussicht auf die umliegende Bergwelt. Der Weiterweg zur Scharte ist ebenfalls noch markiert, bringt aber nicht mehr so viel. Der nahe Gipfel, die Schwarzseespitze, ist nur über einen unmarkierten, anspruchsvollen Grat zu besteigen. Somit genießen Sie besser die Pause am See und wandern anschließend wieder zurück zur Hütte. Hierfür bietet sich eine kleine Rundtour an. Kurz unterhalb des Sees nehmen Sie den nach links abzweigenden Weg Nr. 28B. Dieser bringt Sie zum Kaindlstollen und anschließend in westlicher Richtung zurück zur Schutzhütte.

Von ihr gehen Sie auf dem Anstiegsweg zurück zum Parkplatz an der Timmelsbrücke.

↳ Variante für Abreise mit dem Bus

Sind Sie mit dem Bus angereist, können Sie auch direkt nach Süden absteigen. Hierfür gehen Sie auf dem Weg Nr. 27 oder 29 zurück bis zur Wegteilung und steigen anschließend auf dem Weg Nr. 31 direkt hinunter zur 🚌 Bushaltestelle an der Timmelsjochstraße. Dabei kommen Sie an einem netten kleinen See vorbei.

13 Stieber Wasserfall und Gletschermühle

Tour für Naturliebhaberinnen und Naturliebhaber

Auf dieser verhältnismäßig kurzen Wanderung besuchen Sie zwei „Naturwunder“, den großartigen Stieber Wasserfall und die etwas eigenartige Gletschermühle. Weiterhin spazieren Sie durch das Dorf Platt, von dem Sie eine wundervolle Aussicht auf die Umgebung von Moos in Passeier erhalten. Wer noch mehr Natur erleben möchte, der kann auch noch die Passerschlucht zwischen Moos und St. Leonhard besuchen.

Start/Ziel: Ortsmitte von Moos in Passeier, GPS N 46°49.532' E 011°10.025'
6,6 km
2 Std. 30 Min.
335 m/335 m
958-1.132 m
durchgehend gut markierte Wege, gut ausgeschildert (Markierung Nr. 5)
mittelschwere Wanderung mit teilweise etwas steileren Abschnitten im Wald, nicht bei Nässe begehen
Einkehr in Platt (km 4,2) und Moos in Passeier
Sitzmöglichkeiten an der Gletschermühle (km 3,3)
Der Weg ist für Kinder ab 8 Jahren gut geeignet. Die Gletschermühle ist geheimnisvoll und der rauschende Wasserfall begeistert.
Die Tour kann gut mit Hunden begangen werden.
Parkplatz in Moos in Passeier am Start/Ziel
von Meran mit dem Bus Linie 240 (halbstündlich) nach Moos in Passeier

Vom P Parkplatz in Moos wandern Sie durch den Ort in Richtung Passer. Sie gehen hierfür auf dem Gehsteig neben der Straße bis zur überdachten Brücke. Hier überqueren Sie den Bach und folgen noch kurz der Straße, bis nach links ein schmaler Steig abzweigt. Auf diesem Weg steigen Sie steil im Wald bergab. Über eine Wiese gelangen Sie bald zum eindrucksvollen Stieber Wasserfall ❶. Der Pfelderer Bach stürzt in zwei Stufen von 19 und 18 m unter Ihnen in die Tiefe. Über Holzbrücken überqueren Sie das tosende Wasser. Es lohnt sich, kurz auf der Brücke stehen zu bleiben, auch wenn man nass wird, und die Naturschönheit zu bewundern. Was für ein Spektakel!

Der Weg taucht in den Wald ein und Sie wandern über Wurzeln quer durch die Hänge. Bald schon steilt das Gelände aber auf und Sie steigen steil aufwärts nach Bad Sand.

Schwefelabbau bei Bad Sand

Auf dem Wanderweg weist ein Schild auf den Schwefelabbau in der Gegend hin. Oberhalb des Wasserfalls befand sich im 20. Jahrhundert eine Schwefelquelle. Sie wurde für die Behandlung von Herz-Kreislauf-Erkrankungen und Rheuma genutzt. Hier befand sich ein Badehaus, von dem heute nur noch eine verfallene Brunnenanlage zeugt. Das Haus selbst beherbergt heute Ferienwohnungen.

Sie gehen am Haus vorbei, folgen dann aber gleich dem Weg Nr. 5 nach links. Sie spazieren nun über freie Wiesen zum Wald. In diesen tauchen Sie ein und überqueren ein paar kleine Bäche. An einer Lichtung verlassen Sie kurz den Wald, betreten ihn wenig später aber gleich wieder. Ein auffälliges Schild schickt Sie nach links zur Gletschermühle. Steil steigen Sie hinunter zur eingezäunten Mühle. Dabei lassen Sie sich von einem plateauartigen Platz mit Zäunen nicht verwirren. Sie gehen an einem Zaun vorbei (Markierung) und hinunter zur Gletschermühle ❷.

In der Umgebung befinden sich 20 Gletschermühlen. Die größte dieser Mühlen ist 5-6 m tief und hat einen Durchmesser von über 10 m. Sie entstanden in der Würmeiszeit vor 22.000 bis 10.000 Jahren. Es handelt sich dabei um spiralförmige Vertiefungen, die zuerst auf der Gletscheroberfläche durch abfließendes Schmelzwasser entstanden sind. Durch das Abschleifen der Steine entstanden Vertiefungen bis in die Felsen. Der Wasserstrudel erzeugt mit mitgeführten Steinen und Sand eine Schleifwirkung auf die Steine und hat dabei eine Geschwindigkeit von bis zu 200 km/h.

Nach dem Besichtigen der Gletschermühle steigen Sie wieder steil hinauf zum Weg, gehen ein Stück nach links und treffen dann auf eine Fahrstraße. Sie nehmen die nach rechts abzweigende Straße und passieren eine Kapelle. Die Straße führt zuerst durch den Wald, verlässt diesen aber vor Platt ❸ und gibt einen schönen Blick auf die Kirche frei. Sie erreichen den Ort, in dem es Einkehrmöglichkeiten gibt. Zum Beispiel diese:

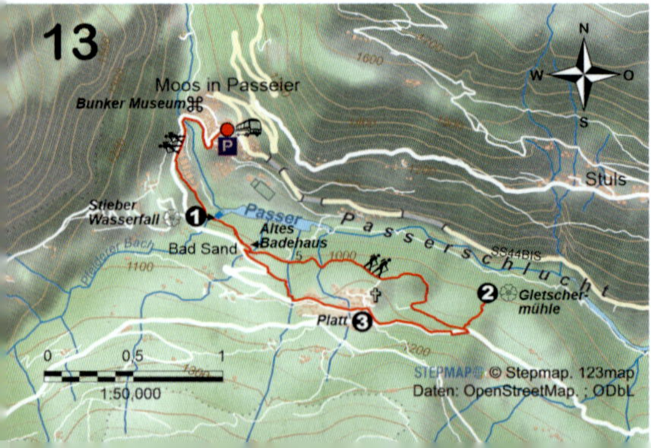

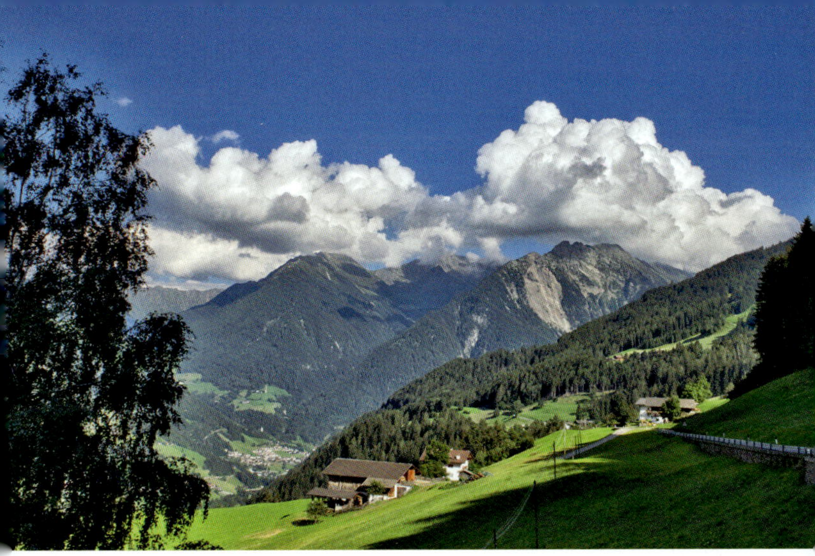

Ausblick in Richtung Südosten

✕ Gasthof Platterwirt, Platt 25, 39013 Moos in Passeier, ☏ +39/04 73/64 90 08, www.platterwirt.it, info@platterwirt.it, Fr-Mi 8:30-23:00, Do Ruhetag

✕ Gasthof Tannenhof, Platt 34, 39013 Moos in Passeier, ☏ +39/04 73/64 90 88, tannenhof.bz.it, gasthof.tannenhof@rolmail.net, Di-So 11:30-21:00, Mo Ruhetag

Urlärchen

Wer die Tour verlängern möchte, besucht von Platt aus noch die Urlärchen. Hierfür nehmen Sie den Weg mit der Nr. 6 bis zum Weiler Formazon. Dafür benötigen

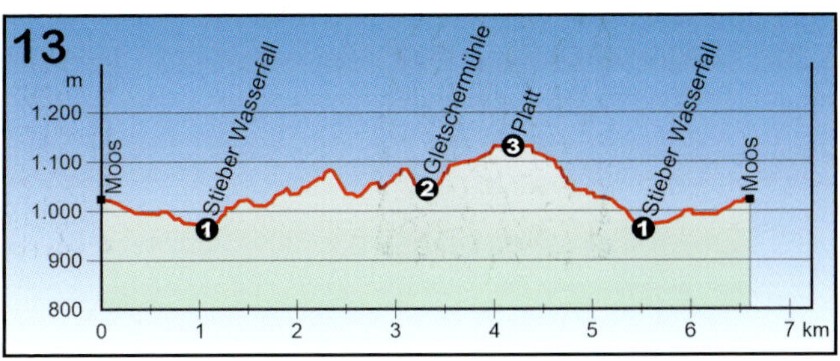

Sie ungefähr 45 Min. Über den Weg 10B erreichen Sie nach weiteren 15 Min. die Urlärchen. Diese Lärchen können eine tausendjährige Geschichte erzählen! Zurück nach Platt wandern Sie auf dem Weg mit der Nr. 10 aus dem Formazontal heraus. Sie biegen nach einiger Zeit nach rechts ab und folgen dem Weg Nr. 10, der Sie zurück nach Platt bringt. (4,9 km, 349 Hm, 2 Std.)

An der Hauptkreuzung gehen Sie nach links in Richtung Moos und ignoriert den Abzweig nach Moos. Bei den letzten Häusern verlassen Sie die Straße nach rechts. Der Steig führt steil in den Wald hinunter. Idyllisch wandern Sie an ein paar Bächen vorbei und erreichen bald ein Feld. Über dieses gehen Sie nach Bad Sand. Nun treffen Sie auf den vom Hinweg bekannten Weg. Dieser nimmt Sie mit zurück zum Stieber Wasserfall und nach Moos.

☺ Die Passerschlucht

Der Stieber Wasserfall stürzt hinunter in die Passer, die weiter in Richtung Meran fließt. Dabei durchfließt sie eine beeindruckende Schlucht. Diese Schlucht wurde 2008 mit Brücken und Stegen gangbar gemacht. Heute verläuft ein eindrucksvoller Weg durch sie hindurch. Der Beginn von Moos bis Gomion ist noch relativ zahm, danach wird die Passer wilder und der Weg immer eindrucksvoller. Bis nach St. Leonhard in Passeier wandern Sie hinunter. Von hier nehmen Sie den Bus zurück nach Moos. (7,8 km, 170 Hm Aufstieg, 501 Hm Abstieg, 2 Std. 30 Min.)

⌘ Museum in Hinterpasseier

In Moos befindet sich ein Museum mit Erlebniswert, das Bunker Mooseum Hinterpasseier. Hier erfahren Sie mehr über die Ur- und Siedlungsgeschichte des Hinterpasseiers, über Schneeberg sowie weitere Informationen über die Natur und Geologie des Tales. Das Museum befindet sich in einem Bunker im Felsen bei Moos.

♦ Bunker Mooseum, Dorf 29a, 39013 Moos in Passeier, ☏ +39/04 73/64 85 29, museum.hinterpasseier.it/strukturen/bunker-mooseum/, info@museum.hinterpasseier.it, April bis Ende Oktober Di-So 10:00-17:00, € 19 für Erwachsene, € 5 für Kinder

⑭ Von Ulfas auf die Kolbenspitze

Tour für Gipfelstürmerinnen und Gipfelstürmer

Die Kolbenspitze ist ein bei Einheimischen beliebter Gipfel, der in Deutschland eher unbekannt ist. Der Aufstieg verläuft direkt über schönes Gelände zum Gipfel, von dem Sie eine großartige Aussicht erhalten. Für erfahrene Bergsteigerinnen und Bergsteiger bietet sich der Abstieg über den Nordostgrat in Richtung Matatzspitze an.

Start/Ziel: Parkplatz Kratzegg oberhalb von Ulfas, GPS N 46°48.259' E 011°11.046'

13,2 km

7 Std. 15 Min.

1.362 m/1.362 m

1.511-2.865 m

Rot-weiß markierter Steig, im oberen Bereich etwas undeutlicher. Weg Nr. 2 führt zum Steinmann, Nr. 3 auf den Gipfel. Der Weg Nr. 2A bringt Sie dann über die Ulfaser Alm zurück zum Parkplatz.

mittelschwere Wanderung, teilweise ordentlich steil, im Gipfelbereich auch steinig, ohne ausgesetzte Stellen

Keine Einkehrmöglichkeiten unterwegs zum Gipfel. Beim Abstieg kommt man an der Ulfaser Alm (km 11,6) vorbei.

Sitzmöglichkeiten in der Scharte (km 5,1 und 7) neben dem Steinmann und am Gipfel (km 6) sowie an der Alm (km 11,6)

Der Weg ist für Kinder eher nicht geeignet, da zu lang.

Die Tour kann mit ausdauernden Hunden begangen werden. Auf den Almwiesen sollten sie angeleint werden.

P Parkplatz Kratzegg bei Ulfas

Die Buslinie 240 (halbstündlich) fährt nur von Meran bis Platt. Jeden Donnerstag gibt es einen Wanderbus nach Ulfas, für den man sich beim Tourismusverein Passeiertal anmelden muss (Tourismusverein Passeiertal, Passeierstraße 40, 39015 St. Leonhard in Passeier, ☏ +39/04 73/65 61 88, www.merano-suedtirol.it/de/passeiertal.html, info@passeiertal.it, Juni Mo-Fr 9:00-13:00 und 14:00-18:00, Juli bis September Mo-Fr 9:00-18:00 und Sa, So 9:00-12:30, Oktober bis Mai Mo-Fr 9:00-13:00 und 14:00-17:00).

Vom **P** Parkplatz Kratzegg bei Ulfas folgen Sie zuerst ein Stück der Schotterstraße in Richtung Ulfaser Alm. Nach einer S-Kurve zweigt nach rechts der Weg Nr. 2 ab. Der Weg zieht zuerst durch den Wald sanft aufwärts. Nach dem

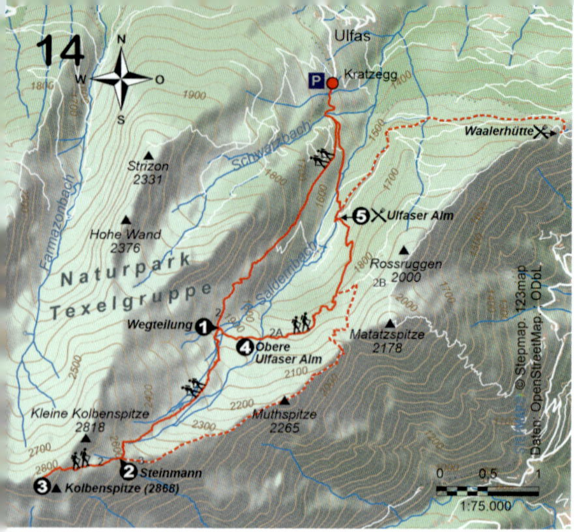

Ende des Waldes genießen Sie einen ersten schönen Ausblick auf die umliegenden Berge. Sie wandern nun auf einer Art Rampe hoch über dem Talkessel. Auf dem guten Steig gehen Sie in den hinteren Karkessel und treffen auf eine Wegteilung ❶. Hier mündet der Weg von der Ulfaser Alm ein.

Sie wenden sich nach rechts und steigen auf dem Weg Nr. 2 aufwärts. Der Weg führt nun durch Almwiesen hindurch, wo im Sommer häufig Almtiere weiden. Er ist nun deutlich steiler und anstrengender, müssen Sie doch ein weites Kar bergauf steigen. Dabei visieren Sie einen großen Steinmann ❷ an, den Sie oben in einer Scharte erkennen. Zügig gewinnen Sie an Höhe und bald

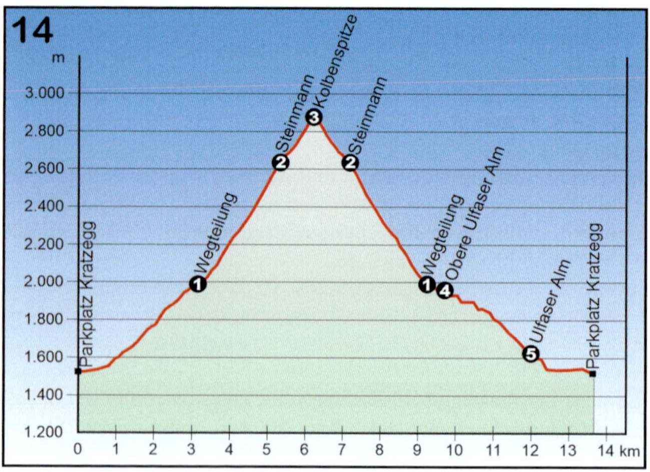

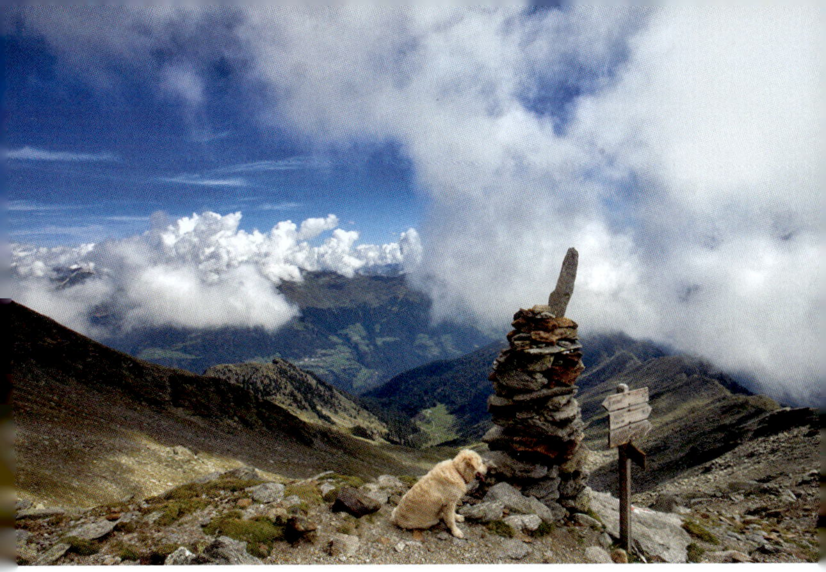

Rast am großen Steinmann

schon stehen Sie in der Scharte. Hier oben neben diesem großen „Wächter" gönnen Sie sich eine Pause und bewundern die herrliche Sicht.

Hier in der Scharte treffen Sie auf den Weg Nr. 3, der über den Nordostgrat heraufkommt, auf dem es nun auch weiter in Richtung Gipfel geht. Das Gelände wird nun deutlich steiniger. Durch ein kleines Tälchen steigen Sie hinauf zum Verbindungsgrat der Kolbenspitze mit der Kleinen Kolbenspitze. Jetzt ist es fast geschafft! Über den gutmütigen Grat gehen Sie nach links zum Gipfelkreuz der Kolbenspitze ❸. Hier setzen Sie sich in die Gipfelfelsen, genießen Ihre mitgebrachte Brotzeit und die wunderbare Aussicht. Tief liegt das Meraner Becken unter Ihnen.

Nun beginnen Sie, den Abstieg zu planen, dafür gibt es zwei Möglichkeiten. Die Abstiegsvariante über den Nordostgrat für erfahrene Bergsteigerinnen und Bergsteiger und den Normalabstieg (siehe nach dem Tipp) für Wanderinnen und Wanderer.

⇘ Abstiegsvariante von der Kolbenspitze über den Nordostgrat

Für erfahrene Bergsteigerinnen und Bergsteiger bietet sich der Abstieg über den Nordostgrat an. Teilweise ist das Gelände aber ziemlich ausgesetzt und erfordert Trittsicherheit und Schwindelfreiheit.

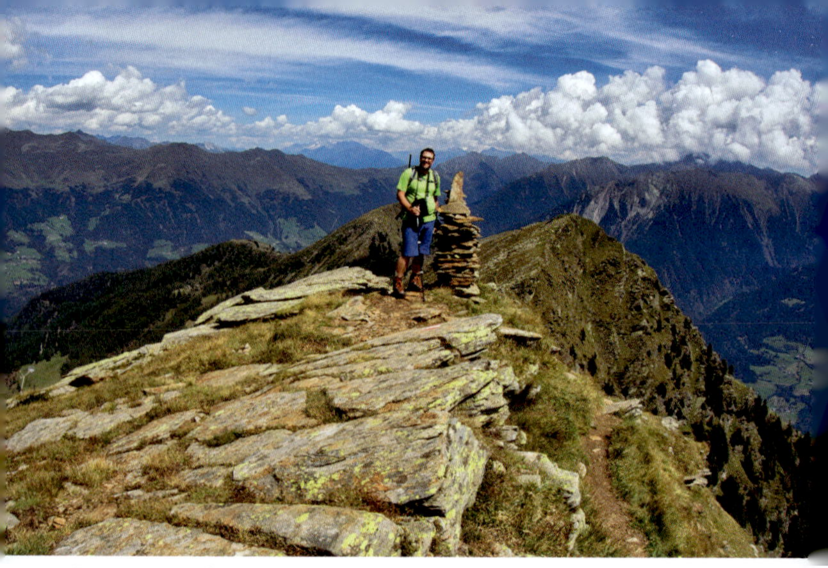

Exponiert am Grat

Vom Gipfel gehen Sie zurück zum Steinmann und folgen dann dem Weg Nr. 3 in Richtung Nordostgrat. Einen ersten Felsaufschwung übergehen Sie auf der rechten Seite. Danach wandern Sie über mehrere Grathöcker, von denen einer die Muthspitze ist. Teilweise verläuft der Steig über diese Gratköpfe, teilweise aber durch die steilen Flanken.

Am letzten Gratkopf vor der Matatzspitze schwenkt der Pfad nach links. Sie steigen vorsichtig durch sehr steiles Gelände bergab. Hier ist unbedingt absolute Trittsicherheit erforderlich. Sie verlassen den steilen Rücken nach rechts und gehen weiter bergab bis zu einer kleinen Hütte. Hier gehen Sie nach links und treffen auf den Weg Nr. 2A von der Oberen Ulfaser Alm und steigen weiter hinunter zur Einkehr auf der ✕ Ulfaser Alm. Wie beim Hauptweg beschrieben geht es zurück zum Parkplatz. Die gesamte Runde ist 13,7 km lang (1.382 Hm, 7 Std. 30 Min.).

Der Normalabstieg führt zurück zum Steinmann und weiter durch das weite Kar. Sie wandern weiter bis zur Wegteilung in Richtung Ulfaser Alm. Jetzt könnten Sie natürlich am Anstiegsweg zurückgehen, schöner ist es aber, noch eine Einkehr auf der Alm einzuplanen. Hierfür gehen Sie an der genannten Wegteilung nach rechts auf dem Weg Nr. 2A. Sie passieren die unbewirtschaftete Obere Ulfaser Alm ❹ und queren die Hänge unter der Muthspitze. An der folgenden Wegteilung biegen Sie nach links ab und steigen durch den Wald steil hinunter zur Ulfaser Alm ❺.

Die Alm hat eine schöne Terrasse und Sie können sich dort mit Südtiroler Leckereien verwöhnen lassen.

Ulfaser Alm, Ulfas 27, 39013 Ulfas, +39/349/143 43 60, Mai bis Oktober tgl.

Nach der Pause kürzen Sie die erste Schleife der Schotterstraße auf einem Steig ab. Auf dem letzten Abschnitt dieser Wanderung spazieren Sie auf der Straße bis zum Parkplatz Kratzegg.

☺ Ulfaser Waal

An der Ulfaser Alm beginnt der Ulfaser Waal. Dieser einfache Waalweg ist auch ein schönes Wanderziel, wenn Sie keinen Gipfel besteigen möchten. Dafür gehen Sie vom Parkplatz Kratzegg direkt zur Ulfaser Alm und dann links auf dem Waalweg zur sehr einfachen Waalerhütte, die im Sommer ebenfalls bewirtschaftet ist.

Waalerhütte, im Sommer einfach bewirtschaftet

Der Rückweg erfolgt am Anstiegsweg. (8,6 km, 182 Hm, 2 Std. 45 Min.)

☺ Matatzspitze

Ein deutlich niedrigeres, aber nicht weniger schönes Wanderziel ist die Matatzspitze. Diese ist eine gute Alternative zur Kolbenspitze. Hierfür wandern Sie zuerst zur Ulfaser Alm und steigen dann auf dem Weg Nr. 3 bergauf bis zur ersten Wegteilung. Hier gehen Sie nach links und folgen dann dem Weg Nr. 2B nach rechts hinauf zum Nordgrat der Matatzspitze. Durch seine exponierte Lage über dem Tal genießen Sie eine großartige Aussicht. Für den Abstieg bietet sich der lange Nordgrat über das Hahnl bis zur Waalerhütte an. Entlang des Ulfaser Waals wandern Sie wieder zurück zur Ulfaser Alm, wo die Einkehr auf Sie wartet. (11,3 km, 740 Hm, 5 Std.)

15 Der Erensee bei Pfelders

Tour für Liebhaberinnen und Liebhaber mystischer Gebirgsseen

Der idyllische Erensee liegt oberhalb von Pfelders und ist auf einem guten Wanderweg zu erreichen. An seinem Ufer kann man sich wunderbar niederlassen, eine Pause machen und die Bergwelt genießen. Zudem gibt es Einkehrmöglichkeiten beim Auf- und Abstieg.

- Start/Ziel: Parkplatz am Ortseingang von Pfelders, GPS N 46°47.453' E 011°05.302'
- 10,1 km
- 4 Std.
- 684 m/684 m
- 1.614-2.297 m
- Rot-weiß markierte Steige mit guter Ausschilderung. Nr. 6 bringt Sie zur Faltschnalalm, Weg Nr. 7 zum Erensee und die Markierung Nr. 4 ins Lazinser Tal. Der Rückweg erfolgt am Weg Nr. 24.
- mittelschwere Wanderung, direkter Anstieg zur Faltschnalalm und zum Erensee
- Einkehrmöglichkeiten an der Faltschnalalm (km 1,7), im Lazinser Hof (km 6,8) und im Gasthaus Zeppichl (km 8,6)
- Sitzmöglichkeiten am See (km 3,7) sowie einzelne Bänke auf dem Panoramaweg Nr. 4 und dem Talweg Nr. 24
- Der Weg ist für Kinder ab 8 Jahren geeignet. Ein See ist immer ein spannendes Ziel.
- Die Tour kann gut mit Hunden begangen werden. Auf den Weiden sollte man sie anleinen.
- Parkplatz am Ortseingang von Pfelders
- mit dem Bus Linie 240 (halbstündlich) von Meran nach Pfelders

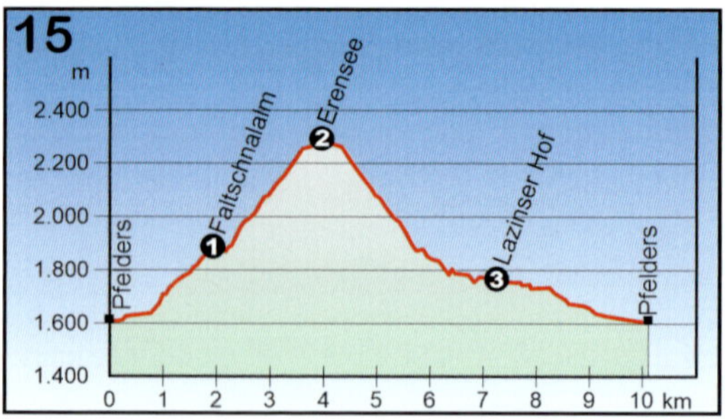

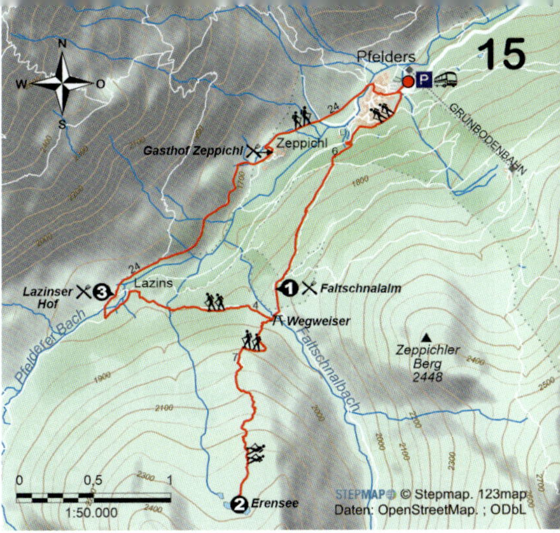

Die Besonderheit an Pfelders ist, dass der Ort autofrei ist. Daher stellen Sie Ihr Auto vor der Schranke am großen gebührenpflichtigen P Parkplatz ab.

Sie gehen vor dem Ort nach links zum Waldrand und folgen dabei immer der Ausschilderung in Richtung Faltschnalalm/Erensee. Bald zweigt ein Steig nach links ab. Auf diesem (Weg Nr. 6) wandern Sie in den Wald hinein. Bald schneidet der Weg eine Forststraße, die Sie überqueren. Insgesamt führt der Steig durch einen fast schon urwaldähnlich anmutenden Wald. Die üppige Vegetation ist wirklich beeindruckend und hatte eine bezaubernde Wirkung auf uns. Ziemlich zügig steigen Sie bergauf bis zu einer weiteren Schotterstraße. Ein Wegweiser schickt Sie nach rechts zur schön gelegenen ✕ Faltschnalalm ❶. Die Alm kommt für eine Pause noch etwas zu früh. Aber ein kleines Getränk haben Sie sich nach dem langen Aufstieg auf alle Fälle verdient.

✕ Faltschnalalm, Pfelders, 39013 Moos in Passeier, ☎ +39/389/879 60 24, Juni bis Oktober tgl.

Nach der Alm folgen Sie noch einem Stück der Schotterstraße. Diese bringt Sie zu einer Brücke über den Faltschnalbach. Kurz nach der Alm finden Sie einen Wegweiser an einer Bank. Hier biegen Sie auf den Weg Nr. 7 ab. Der Weg verläuft durch lichten Wald bergauf in freies Gelände. Sie steigen dabei immer auf die mächtige Erenspitze zu. Der See selbst ist bis kurz vor Schluss nicht zu sehen. Nach einem steileren Aufstieg flacht das Gelände ab und Sie wandern in leichtem Auf und Ab zum kleinen Erensee ❷, der sich in dem Kar unter der Erenspitze versteckt. In der Umgebung des Sees gibt es in der Wiese oder auf Felsblöcken genügend Sitzplätze für eine gemütliche Pause.

Nach der Pause steigen Sie wieder hinunter zum Wegweiser nahe der ✕ Faltschnalalm.

↳ Von hier können Sie noch ein Stück zurück zur Alm gehen und dort jetzt endlich einkehren.

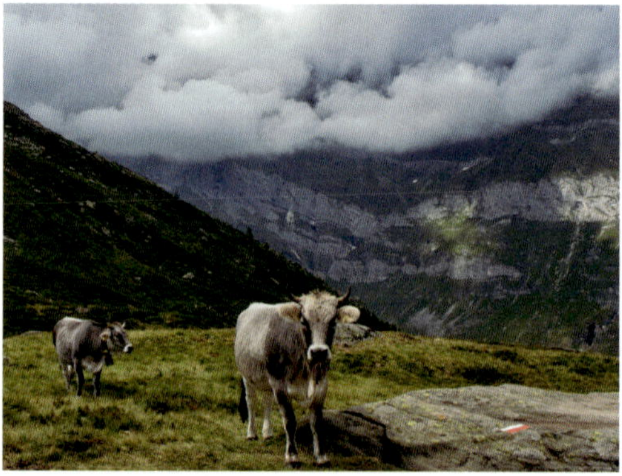

Neugierige Wegbegleiter

Ansonsten folgen Sie dem Weg Nr. 4 in Richtung Lazinser Tal. Der Weg führt in den Wald und bringt Sie zu einer schönen Lichtung mit ein paar Bänken, die ebenfalls zu einer Pause einladen. Nach der Lichtung steigen Sie durch den Wald hinunter zu einer Schotterstraße. Links sehen Sie den Lazinser Hof ❸, der sich für eine Einkehr ebenfalls anbietet. Dabei handelt es sich um einen sehr urigen Almgasthof. Man setzt sich auf eine der Bänke in der Sonne, hört das Rauschen des Gebirgsbaches und genießt leckere Südtiroler Speisen.

Lazinser Hof, Pfelders, 39013 Moos in Passeier, ☏ +39/04 73/42 44 82, www.lazinshof.com, gasthauslazins@gmail.com, Di-So 8:00-18:00, warme Küche bis 17:00, Mo Ruhetag

Am Lazinser Hof beginnt der Weg Nr. 24 in Richtung Pfelders. Dieser führt auf der Nordseite des Pfelderer Baches in Richtung des Dorfes. Immer wieder genießen Sie einen schönen Blick auf den Ort. Sie erreichen das Gasthaus Zeppichl mit eigener Hofmetzgerei, in dem Sie noch einmal einkehren können. Besonders im Herbst gibt es hier leckere Wildgerichte.

Gasthaus Zeppichl, Pfelders 15, 39013 Moos in Passeier, ☏ +39/04 73/64 67 62, www.zeppichl.com, ganzjährig

Hier beginnt eine Fahrstraße, die Sie in einem Bogen hinunter nach Pfelders bringt. Sie spazieren durch den westlichen Teil des Ortes bis zum P Parkplatz am Ortsrand.

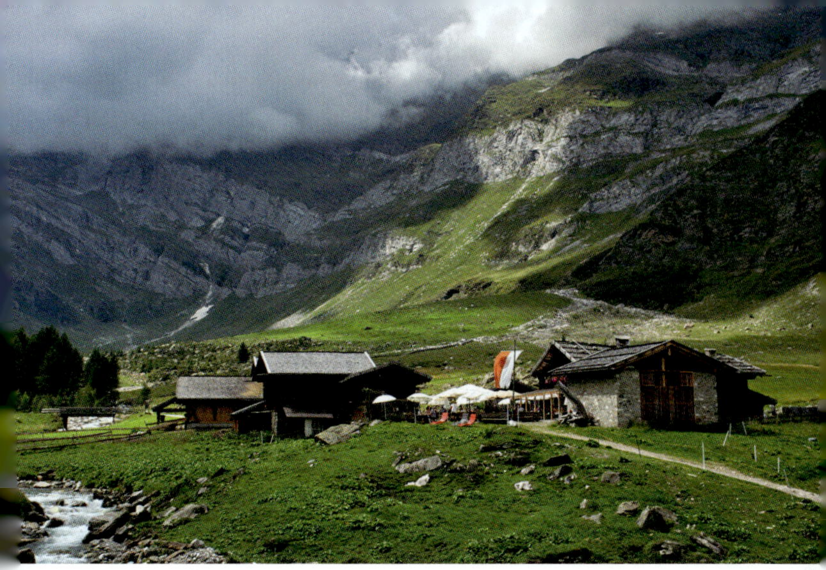

Der Lazinser Hof lädt zur Einkehr

☺ Pflederer Mountaincarts

Ein besonderer Spaß ist es, mit einem Mountaincart den Berg hinunter zu brausen. Mountaincarts besitzen keinen Motor, dafür drei dicke Reifen und kräftige Scheibenbremsen. Mit der Seilbahn schweben Sie gemütlich hinauf zum Grünboden. Hier gibt es eine kurze Einweisung und Sie bekommen die notwendige Schutzausrüstung. Und schon sitzen Sie im Mountaincart. Den Forstweg hinab liefern Sie sich ein Rennen mit sich selbst oder Ihrer Familie – je nach Mut mit mehr oder weniger Geschwindigkeit oder akrobatisch anmutenden Manövern. Viel zu schnell sind Sie schon wieder unten an der Talstation. Zum Glück können Sie dieses Erlebnis nicht nur einmal genießen, der Betreiber bietet auch 1- und 2-Stunden-Karten an.

♦ Bergbahnen Pfelders, 39013 Moos in Passeier, ☏ +39/04 73/64 67 21, 💻 www.pfelders.info/de/hoch-hinaus-mit-der-pfelderer-kombibahn, 🚪 Mitte Juni bis Ende September tgl. 9:00-16:30, Erwachsene einfache Fahrt ab € 16,50, 1-Stunden-Ticket ab € 30, 2-Stunden-Ticket ab € 40, Kinder einfache Fahrt ab € 12, 1-Stunden-Ticket ab € 25, 2-Stunden-Ticket ab € 36

16 Zur Wannser Alpenspitze

Tour für Liebhaberinnen und Liebhaber von Einsamkeit

Die Wannser Alpenspitze im hinteren Wannser Tal, einem Seitental des Passeiertales, ist ein eher ruhiger Gipfel. Es gibt zwei Anstiege, über das Wannser Tal und das Sailer Tal. Wir empfehlen den Anstieg über das Wannser Tal, da beim anderen Weg sehr steile Grashänge zu queren sind.

Start/Ziel: Parkplatz in Wanns, GPS N 46°49.104' E 011°19.262'

12,2 km

6 Std.

1.064 m/1.064 m

1.410-2.474 m

Rot-weiß markierte Steige mit guter Ausschilderung. Nr. 14 führt ins Joch und 14A in Richtung Gipfel.

Schotterstraße zur Wannser Alm, danach Steig ins Wannser Joch und auf den Gipfel

Einkehrmöglichkeiten an der Wannser Alm (km 2,1 und 10,1)

Sitzmöglichkeiten am Wannser Joch (km 5,2 und 7,1) und am Gipfel (km 6,1)

Der Weg ist für Kinder ab 10 Jahren geeignet. Dabei lockt vor allem das Gipfelkreuz.

Die Tour kann gut mit Hunden begangen werden. Auf den Almweiden sollte man die Tiere anleinen.

Parkplatz in Wanns

Der Bus fährt nur nach Walten. Das ist noch ein langer Zuweg, daher ist die Anreise mit dem Bus nicht wirklich zu empfehlen.

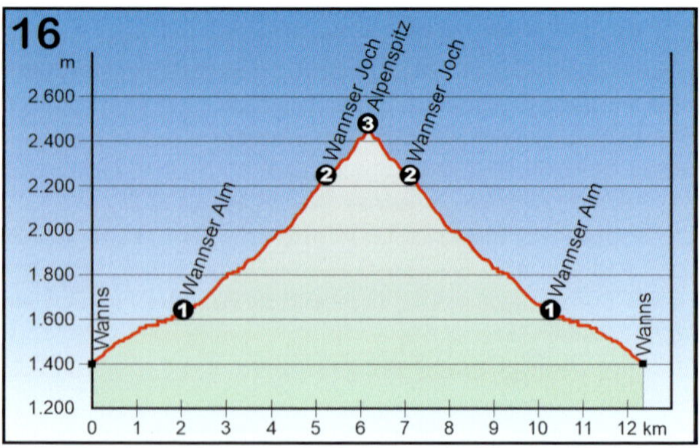

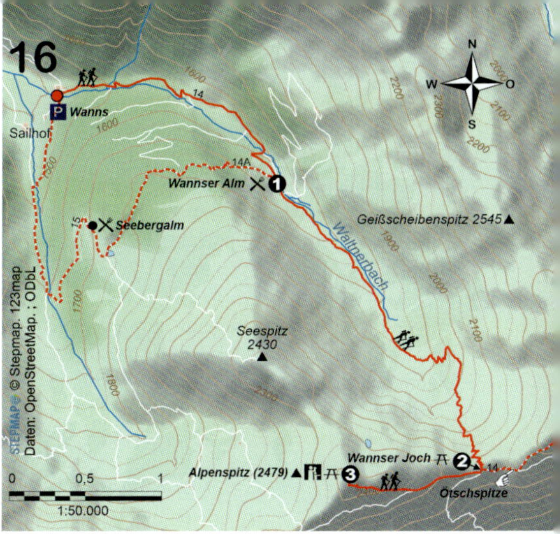

Vom P Parkplatz in Wanns gehen Sie durch das Gatter und folgen der Schotterstraße in das Wannser Tal. Nach einer halben Stunde erreichen Sie auf der breiten Straße die ✕ Wannser Alm ❶.

Die Einkehr heben Sie sich für den Rückweg auf. Sie wandern weiter hinein in das Wannser Tal. Der Weg wird bald schmaler und Sie spazieren entlang des Waltenbaches weiter in das Tal hinein. Am Ende des Tales überqueren Sie den Bach und steigen in Serpentinen an der östlichen Talseite bergauf. Der Steig quert wieder in die Mitte des Kares und führt ab hier steiler und anstrengender hinauf zum Wannser Joch ❷. Hier oben heißt es, erst einmal durchschnaufen und sich orientieren.

Der Weg zur Alpenspitze führt nach rechts. Sie folgen dem Steig, bis das Gelände immer steiler nach links abfällt. Der geradeaus führende Weg quert die steilen Südhänge der Alpenspitze ins Sailer Joch. Wir fanden die Querung ziemlich abenteuerlich, daher wählen Sie besser den nach rechts abzweigenden Steig. Dieser führt sanft ansteigend hinauf zum Gipfelkreuz auf der Wannser Alpenspitze ❸. Oben neben dem Kreuz setzen Sie sich gemütlich ins Gras, genießen die mitgebrachte Rucksack-Brotzeit und blicken auf die umliegenden Berge. Bekanntester Gipfel in der Umgebung ist das im Osten aufragende Sarner Weißhorn. Die anderen Gipfel in Ihrem Blickfeld sind bei uns eher unbekannt und erhalten auch eher selten Besuch.

Nach einer ausgiebigen Gipfelpause mit leckerer Brotzeit machen Sie sich wieder an den Abstieg. Dieser führt Sie zum Anstiegsweg zurück ins Wannser Joch.

Abstecher auf die Ötschspitze

Östlich vom Wannser Joch erhebt sich die Ötschspitze. Je nachdem ob Sie nach der Alpenspitze noch einen zweiten Gipfel anhängen möchten oder nur die Alpenspitze besteigen möchten, müssen Sie jetzt eine Entscheidung fällen. Die Ötschspitze ist ein zweiter lohnender Gipfel in der Umgebung des Wannser

Joches. In einer guten Stunde steigen Sie über den Südwestgrat auf dem Weg Nr. 14 hinauf zum herrlichen Gipfel mit seinem Kreuz. Dieses steht gut 100 m über dem Kreuz der Alpenspitze, sodass Sie von hier oben ebenfalls eine großartige Aussicht erhalten. Wenn Sie genug Zeit eingeplant haben, können Sie hier am Gipfel verweilen und die Einsamkeit der Berge genießen.

Der Abstieg erfolgt am Anstiegsweg zurück zum Joch. (2,9 km, 354 Hm, 1 Std. 45 Min. für den Abstecher)

Vom Wannser Joch aus steigen Sie auf dem bekannten Steig steil hinunter nach Norden ins Tal und weiter talauswärts zur ✕ Wannser Alm. Sie können sich auf die Sonnenterrasse setzen und leckere Südtiroler Speisen genießen.

✕ Wannser Alm, Walten 16, 39015 St. Leonhard in Passeier, +39/340/701 26 03, Juni bis Mitte Oktober tgl.

Anschließend spazieren Sie im mehrfachen Sinne satt von Südtiroler Schmackerln und Südtiroler Gipfelfreuden auf der breiten Schotterstraße hinunter zum P Parkplatz in Wanns.

Am Wannser Joch mit Blick zur Alpenspitze

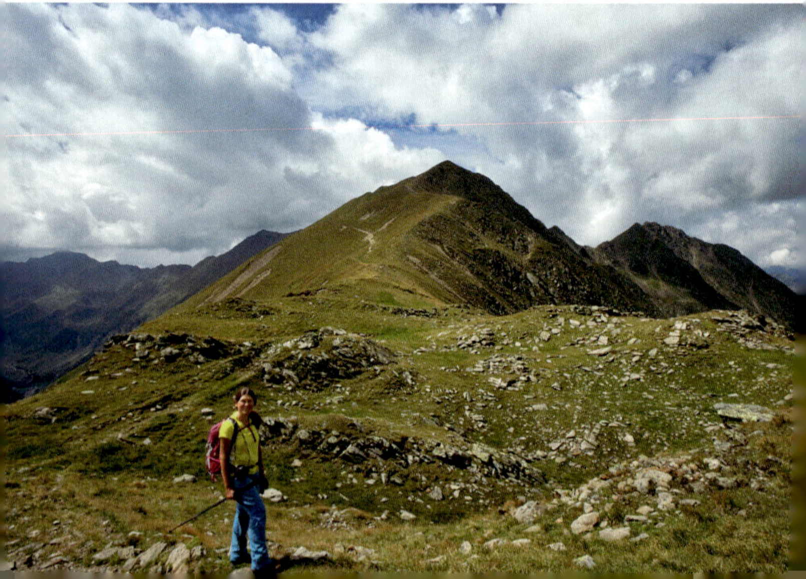

☺ Almenrunde bei Wanns

Wer keinen Gipfel besteigen möchte, der kann eine kleine Almenrunde bei Wanns unternehmen. Hierfür gehen Sie wie bei der Wanderung zur Alpenspitze beschrieben bis zur ✗ Wannser Alm. An der Alm beginnt der Weg Nr. 14A. Er führt auf der Nordseite der Seespitze in das Sailer Tal. Hier treffen Sie auf den Wanderweg zur Seespitze. Sie wandern auf dem Weg nach rechts zur nahen ✗ Seebergalm. Sie liegt neben einem Lärchenwäldchen an einem schönen sonnigen Platz. Ein paar Bänke und Tische laden zur Einkehr ein.

✗ Seebergalm, Walten, 39015 St. Leonhard in Passeier, Juni bis Oktober tgl.

Nach der Einkehr in der Alm wandern Sie auf dem Weg Nr. 15 hinunter ins Tal. Hier überqueren Sie den Bach und spazieren nach Norden in Richtung Wanns. Vor dem Ort treffen Sie auf eine Wegverzweigung. Hier folgen Sie dem rechten Steig mit der Wegmarkierung Nr. 15 bis zum P Parkplatz in Wanns. (6,2 km, 394 Hm, 2 Std. 30 Min.)

☺ Jaufenpass

Das Wannser Tal zweigt an einer der ersten Kehren zur Jaufenpassstraße ab. Von hier ist es also nicht weit bis zur Passhöhe. Der Pass ist die kürzeste Verbindung zwischen Meran und Sterzing und liegt im Herzen Südtirols. Vom Pass (oder eine Kehre vorher) kann man zu den Berggipfeln auf der Nordseite des Passes wandern. Es sind nur knapp 200 Höhenmeter zum Fleckner, der sich am Rand der Liftanlagen von Ratschings befindet. Keine spektakuläre Bergtour, aber einfach eine nette Spritztour von der Passhöhe. Der Jaufenpass als Übergang wurde wohl schon seit vielen Jahrhunderten genutzt. Die Straße selbst wurde erst in den Jahren 1903-1912 erbaut. An der Passhöhe steht die Enzianhütte, auf deren Terrasse Sie einkehren können.

✗ Enzianhütte, Walten 95, 39015 St. Leonhard in Passeier, tgl. 8:00-20:00

⑰ Zur Oberen Obisellalm

Tour für Freundinnen und Freunde von Aussichten und Einkehr

Die Obere Obisellalm liegt idyllisch am märchenhaften Obisellsee. Der direkte Zustieg durch die steilen Osthänge ist von halbwegs trittsicheren Wanderinnen und Wanderer gut zu erreichen. Noch schöner ist der Zustieg über den Pfitschkopf. Dieser Weg führt durch die aussichtsreichen Hänge des Hochwarts zur Alm. Als Zugabe bietet sich noch das gut erreichbare Gipfelkreuz auf dem Hochwart für einen Besuch an.

Start/Ziel: Parkplatz am ehemaligen Gasthaus Oberöberst bei Vernuer, GPS N 46°43.306' E 011°10.276'

10,1 km

5 Std.

870 m/870 m

1.388-2.176 m

Rot-weiß markierte Steige mit guter Ausschilderung. Nr. 21A führt zum Kamm unter der Hahnenkammhütte. Der Weg Nr. 5A bringt Sie zur Alm und der Abstieg erfolgt am Weg Nr. 5.

Schmale Steige, die teilweise steil sind. Der Zustieg über den Pfitschkopf ist teilweise etwas ausgesetzt.

Einkehrmöglichkeit an der Oberen Obisellalm (km 5,4)

Sitzmöglichkeiten am Pfitschkopf (km 3,3), der Oberen Obisellalm (km 5,4) und am Hochwart (Variante)

Der direkte Zustieg zur Alm (in der Beschreibung als Abstiegsweg) ist für Kinder ab 10 Jahren geeignet, der Weg über den Pfitschkopf ist nur für größere Kinder ab 12 Jahren geeignet und erfordert etwas Vorsicht.

Der direkte Zustieg zur Alm (in der Beschreibung als Abstiegsweg) kann mit Hunden begangen werden, den Weg über den Pfitschkopf empfehlen wir nicht.

P Parkplatz am ehemaligen Gasthaus Oberöberst bei Vernuer, erreichbar auf schmaler Bergstraße vom vorderen Passeiertal, südlich von Saltnaus

Von Dorf Tirol fährt der Bus 224 stündlich nach Vernuer.

Direkt am oberen **P** Parkplatz beim ehemaligen Gasthof Oberöberst beginnt der Wanderweg mit der Nummer 21A. Auf diesem wandern Sie bis zum Waldrand und tauchen anschließend in diesen hinein. Sie spazieren durch den Wald bis zu einer ersten Wegabzweigung ❶ nach links. Sie lassen sich von der Markierung Nr. 21A nach links aufwärtsleiten. Ein wenig später erreichen Sie eine

Forststraße, der Sie ein Stück nach links folgen. Kurz darauf zweigt von der Straße nach rechts ein Steig ab, auf den Sie abbiegen. Sie gehen nun auf diesem Steig in vielen Kehren aufwärts. Der Wald wird lichter und Sie wandern über ein paar Lichtungen aufwärts bis in freies Gelände. Oberhalb von Ihnen sehen Sie bereits die unbewirtschaftete Hahnenkammhütte und das Gipfelkreuz auf dem Pfitschkopf. Über einen freien Rücken steigen Sie hinauf zur Hütte ❷. Hier teilt sich der Weg. Sie könnten nun auf dem Weg Nr. 21 durch die Hänge zur Unteren Obisellalm wandern. Schöner ist es aber, den etwas höheren Weg zu nehmen. Zuerst steigen Sie die gut 100 Höhenmeter hinauf auf den Gipfel des Pfitschkopfes ❸. Dabei sollten Sie gerade im oberen Bereich vorsichtig sein. Das Gelände fällt steil nach Süden ab. Am herrlichen Gipfel des Pfitschkopfes setzen Sie sich neben das Kreuz und bewundern die Aussicht, die im Süden bis über das Meraner Becken hinausreicht. Sie nehmen sich Zeit, die Berglandschaft und die Stille zu genießen.

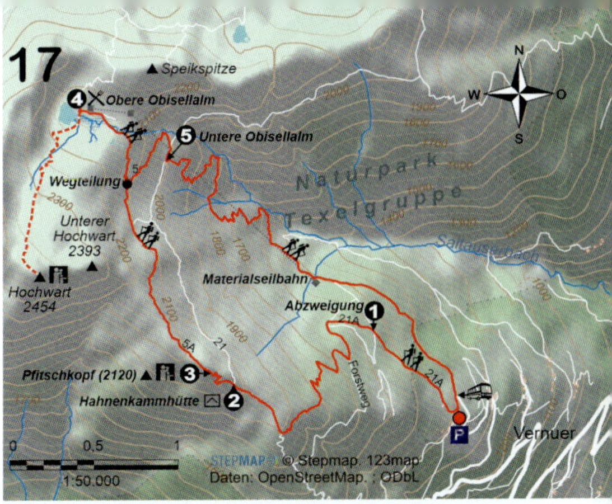

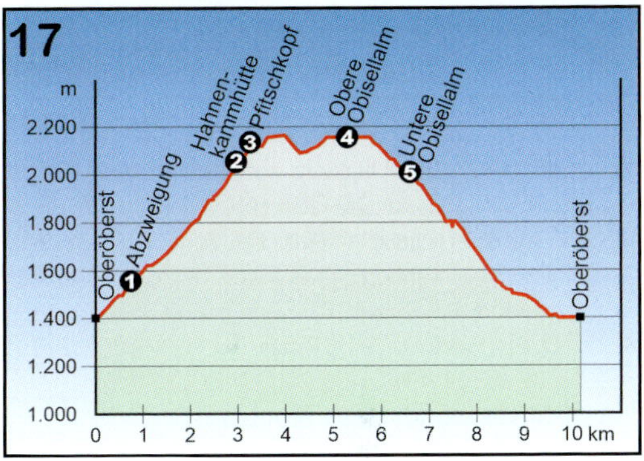

Hier am Gipfel beginnt der Lustige-Kameraden-Steig mit der Markierung Nr. 5A. Dieser führt zuerst über den Grat, weicht dann aber in die rechte Gratflanke aus. Sie queren nun die steilen Hänge des Unteren Hochwarts und folgen dem Steig in nördlicher Richtung. Von rechts münden zwei Steige ein. Sie bleiben aber weiter auf dem Weg Nr. 5A in Richtung Oberer Obisellalm. In leichtem Auf und

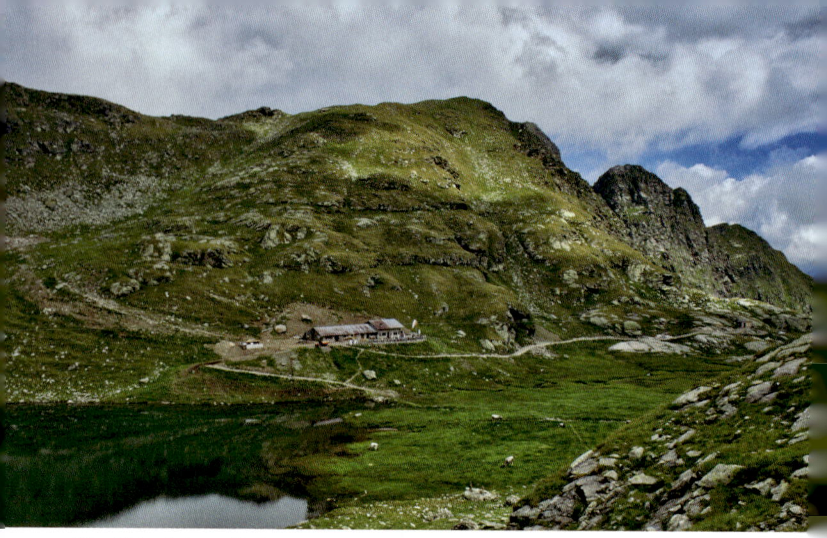

Die Obisellalm mit See

Ab wandern Sie auf dem Steig zu einem kleinen Bächlein. Von hier sind es nur noch wenige Meter zur ✕ Oberen Obisellalm ❹, die Sie mit einer gemütlichen Terrasse zu einer Pause einlädt. Die Alm liegt oberhalb des idyllisch gelegenen Obisellsees. Hier können Sie sich von der Familie Gufler verwöhnen lassen.

✕ Obere Obisellalm, 39010 Riffian, +39/349/058 37 59, in den Sommermonaten tgl.

Gipfelabstecher zum Hochwart

Von der Oberen Obisellalm können Sie noch einen schönen Gipfelabstecher auf den Hochwart unternehmen. Der Weg selbst ist mittelschwer ohne ausgesetzte Passagen. Er ist allerdings nicht markiert, aber so gut ausgetreten, dass er eigentlich nicht zu übersehen ist.

Von der Alm gehen Sie hinunter zum See und wandern am linken Ufer an diesem vorbei. Nach dem See führt der Steig nach rechts. Bald schon steigen Sie aufwärts. Von einer Geländeterrasse genießen Sie einen schönen Blick auf den märchenhaften See und die gemütliche Alm. Sie gehen weiter durch ein Tal und steigen über eine Steilstufe hinauf zum Nordwestgrat des Hochgrats. Über diesen wandern Sie hinauf zum Gipfelkreuz auf dem Hochwart. Von diesem Gipfel genießen Sie eine wunderschöne Aussicht, für die Sie sich genug Zeit nehmen sollten. Nach der Gipfelpause wandern Sie wieder hinunter zur Alm. (2,7 km, 303 Hm, 1 Std. 30 Min.)

Nach der Einkehr in der urigen Alm wandern Sie auf dem Anstiegsweg ein Stück zurück bis zur ersten Wegteilung. Hier biegen Sie nun nach links ab und folgen dem Weg Nr. 5 abwärts zur Unteren Obisellalm ❺. Hier achten Sie darauf, dass Sie auf dem Weg Nr. 5 bleiben und nach links abwärtssteigen. Der Steig führt nun direkt durch die steilen Hänge bergab. Nach gut 200 Höhenmetern queren Sie über einen längeren Zeitraum steile Hänge, wobei Sie auch über ein paar kleine Bäche hinweggehen. Anschließend geht es wieder steil bergab bis oberhalb eines Baches. Nun wandern Sie nach rechts bis zu einer Schotterstraße, die Sie unweit der Materialseilbahn der Oberen Obisellalm erreichen. An der folgenden Wegteilung nehmen Sie die linke Straße, die noch ein Stück durch den Wald führt. Am Schluss wandern Sie über freie Bergwiesen zur Straße, die zum ehemaligen Gasthaus Oberöberst führt. Sie erreichen die Straße an der Kurve unterhalb des Gasthauses. Nun spazieren Sie noch die wenigen Meter hinauf zum Parkplatz am Gasthaus.

☺ Andreas Hofer

Der Tiroler Freiheitskämpfer Andreas Hofer wurde 1767 im Passeiertal geboren. Er war der Anführer der Tiroler Freiheitskämpfer gegen die Besatzung durch die Franzosen und wird auch heute noch als Volksheld verehrt. Sein Geburtshaus ist der Sandwirt in St. Leonhard, Hofer selbst war dort Gastwirt. Das Gebäude stammt aus dem 17. Jahrhundert und steht heute unter Denkmalschutz. Daneben befindet sich ein Museum, das über das Leben von Hofer erzählt. Im Gasthaus selbst gibt es bodenständige, traditionelle Südtiroler Küche.

✕ Sandwirt, Passeirer Str. 72, 39015 St. Leonhard in Passeier, ☏ +39/04 73/65 61 43, 💻 www.sandwirt.bz, ✉ info@sandwirt.bz, 🚪 Di-So 9:00-18:00

⌘ Museum Passeier, Passeirer Str. 72, 39015 St. Leonhard in Passeier, ☏ +39/04 73/65 90 86, 💻 www.museum.passeier.it, ✉ info@museum.passeier.it, 🚪 April bis Oktober Di-So 9:00-18:00, Mo Ruhetag, Erwachsene € 10, Kinder frei

Oberhalb von St. Martin befindet sich die ✕ Pfandleralm. Hier versteckte sich Andreas Hofer eineinhalb Monate bis zum Verrat durch einen Tiroler und zur darauf folgenden Festnahme durch die Franzosen. Er wurde dann nach Mantua im Königreiche Italien gebracht und dort im Auftrag von Napoleon hingerichtet.

Um zur Alm zu gelangen, fahren Sie von St. Martin auf schmaler Bergstraße zum Pfandlerhof und weiter bis zum etwas oberhalb gelegenen Parkplatz. Von hier sind es nur noch 200 Höhenmeter zur Alm. Die Hütte, in der sich Hofer versteckte, brannte 1919 ab, wurde aber wieder aufgebaut.

✕ Pfandleralm, Prantach 34, 39015 St. Martin in Passeier, ☏ +39/04 73/64 18 41, 🚪 Anfang Mai bis Ende Oktober Sa-Mi 9:00-22:00

⑱ Der Maiser Waalweg

Tour für Freundinnen und Freunde von Wasser im Tal

Der idyllische Maiser Waalweg verläuft von Saltaus am Ausgang des Passeiertales bis nach Meran-Obermais. Die gemütliche Wanderung ohne viel Höhenmeter nehmen Sie in umgekehrter Richtung zum Wasserlauf im Waal von Meran aus in Angriff. Gerade im Frühjahr, wenn die vielen Obstbäume blühen, ist die Wanderung zu empfehlen.

→ Start: Brunnenplatz in Meran-Obermais, GPS N 46°40.108' E 011°09.518';
Ziel: Parkplatz der Seilbahn Hirzer in Saltaus, GPS N 46°43.427' E 011°12.009'

9 km

2 Std. 30 Min.

↑↓ 127 m/5 m

⇧ 367-498 m

rot-weiß markierte Steige mit guter Ausschilderung (Markierung Maiser Waalweg)

Gute, einfache Wanderwege. Schmalere Stellen sind gut mit Geländern abgesichert.

Einkehrmöglichkeit beim Torgglerhof (km 8,6)

schöne Sitzmöglichkeiten am Waalweg

Der Weg ist für Kinder ab 8 Jahren geeignet. Es ist ein gemütliches Wandern am Wasser.

Der Weg kann gut mit Hunden begangen werden.

P Idealerweise parkt man an der Seilbahn Hirzer in Saltaus und fährt mit dem Bus Linie 240 zum Ausgangspunkt.

Von Meran kommen Sie mit dem Bus Linie 221 (alle 15 Minuten) nach Obermais. Die Rückfahrt erfolgt mit dem Bus Linie 240 (halbstündlich) nach Meran bzw. zum Startpunkt.

Vom Brunnenplatz in Meran-Obermais wandern Sie zum Schloss Planta. Dazu spazieren Sie die Vergilstraße entlang. Nach fast 500 m biegen Sie nach rechts in die Schönblickstraße ab. Bald schon erreichen Sie mit der Plantastraße auch das Schloss Planta. Hier beginnt der Maiser Waalweg. Der Waal mit dem aus der Passer gespeisten Wasser verläuft bis zum Ende des Maiser Waalwegs bei Saltaus fast immer komplett an der Oberfläche. Über schöne Apfelwiesen wandern Sie zum Sträßchen beim Sonnwendhof ❶, das Sie überqueren. Hier befinden Sie sich auf Privatgelände und verhalten sich dementsprechend achtsam.

Danach durchqueren Sie die steilen Hänge eines Grabens. Der Weg ist hier gut mit einem Geländer abgesichert. Sie folgen immer dem Waalweg, der ziemlich eben durch schöne Waldbestände führt. Sie hören das Rauschen der Passer, die parallel zum Waal verläuft. Immer wieder bekommen Sie wunderbare Blicke auf die andere Talseite, auf Dorf Tirol, Kuens und Riffian.

Sie erreichen das Waalerhaus mit der Waalschelle ❷. Dabei handelt es sich um ein Wasserrad mit Hammer, das permanent auf eine Glocke schlägt. Damit wurde dem Waaler, der für die Überwachung des Waales zuständig war, signalisiert, dass der Waal noch in Ordnung ist und dass das Wasser fließt.

Sie wandern weiter auf dem Waalweg und steuern den ✕ Torgglerhof ❸, das Einkehrziel am Ende des Waalweges, an. Den Waalweg könnten Sie

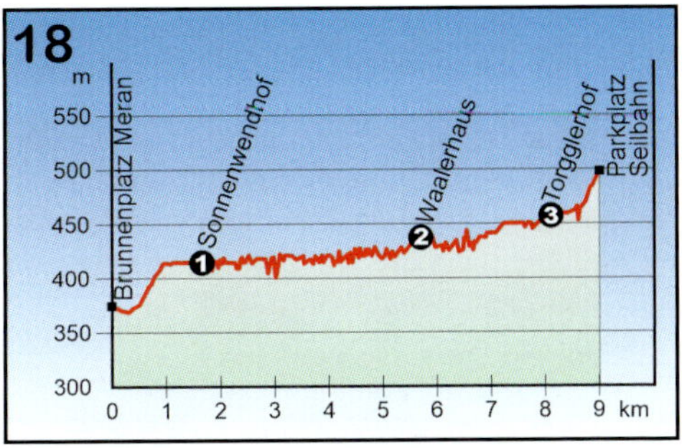

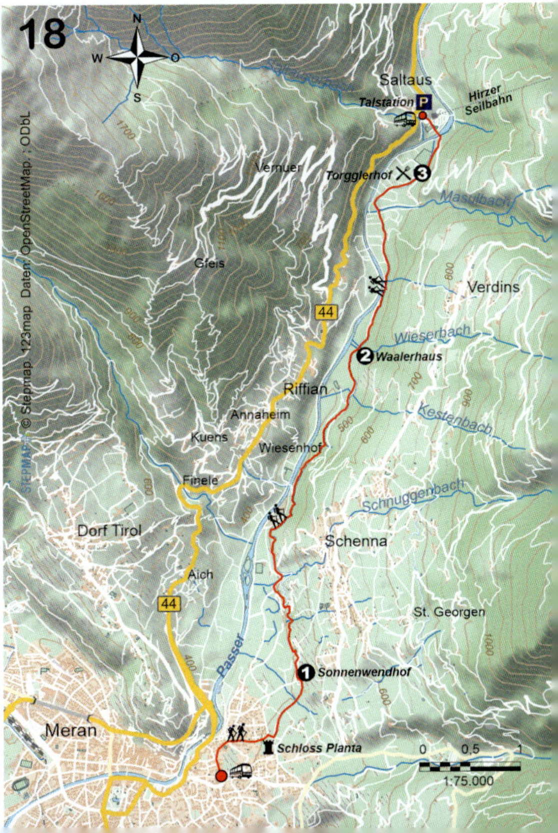

in zwei Richtungen begehen. Die Begehung von Obermais nach Saltaus hat den Vorteil, dass Sie somit am Ende der Tour hier gemütlich einkehren können.

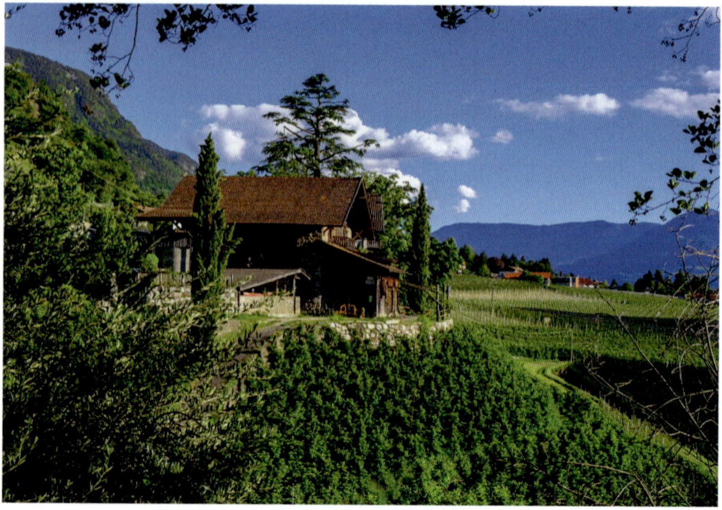

Fast schon mediterrane Landschaft © Lisa Bahnmüller

Hier finden Sie unter der Trauerweide im Gastgarten sicherlich einen gemütlich schattigen Platz. Lassen Sie sich von den leckeren Gerichten verwöhnen und der herrlichen Atmosphäre verzaubern. Bei Wandernden und Radlerinnen und Radlern ist der Hof ein beliebter Einkehr- und Rastplatz. Sehr idyllisch lässt es sich im Garten sitzen und speisen.

Der Küchenchef Christian verarbeitet hier einfache Zutaten zu besonderen Gerichten. Obst und Gemüse kommt dabei aus dem eigenen Garten.

Torgglerhof, St.-Georgen-Straße 12, 39017 Schenna, ☎ +39/04 73/64 54 33, www.apfelhotel.com, info@apfelhotel.com, 11:30-14:00, Kaffee und Kuchen bis 17:30

Vom Hof spazieren Sie weiter zum Passerdamm, überqueren die Passer und erreichen den P Parkplatz an der Talstation der Seilbahn Hirzer. Idealerweise haben Sie hier Ihr Auto abgestellt oder fahren mit dem Bus zurück nach Meran.

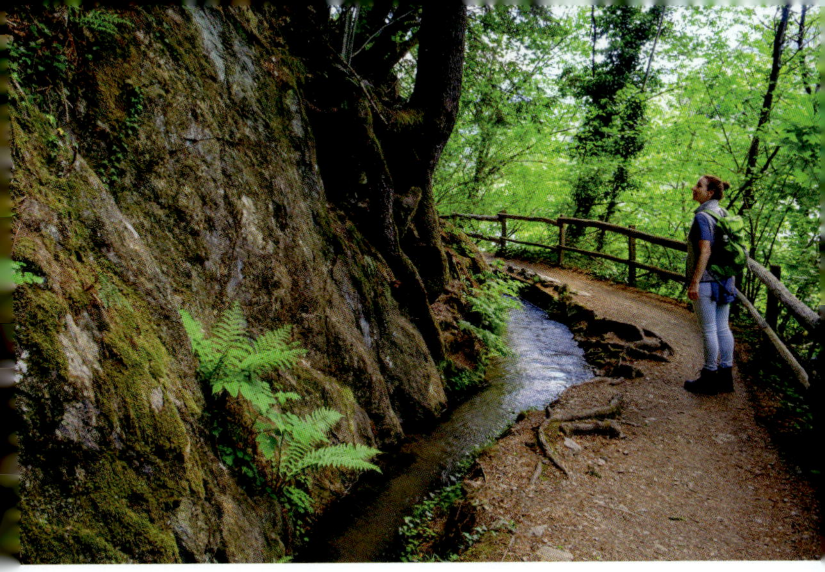

Schöne, bewaldete Abschnitte am Weg © Lisa Bahnmüller

☺ Fahrt mit der Seilbahn Hirzer

Die Seilbahn Hirzer bringt Sie in wenigen Minuten von Saltaus hinauf auf 1.980 m Höhe zur Bergstation Klammeben. Auch wenn wir in diesem Buch keine Wanderungen von der Bergstation der Seilbahn vorstellen, so lohnt sich doch die Auffahrt. Von der Bergstation genießen Sie einen großartigen Blick auf die Texelgruppe, die auf der anderen Talseite aufragt. Zudem gibt es unweit der Bergstation einige Hütten und Almen, die zu einer gemütlichen Einkehr einladen. Natürlich lockt der namensgebende Gipfel Hirzer, das ist jedoch eine nicht zu unterschätzende lange Wanderung von Klammeben aus.

Seilbahn Hirzer, Passeierstraße 2, 39010 Saltaus, ☏ +39/04 73/64 54 98, www.hirzer.info, April bis Herbst tgl. ab 8:30 im 30-Minuten-Takt, Berg- und Talfahrt Erwachsene € 19, Kinder € 9,50, Hunde € 6

Schenna, Hafling und Vöran

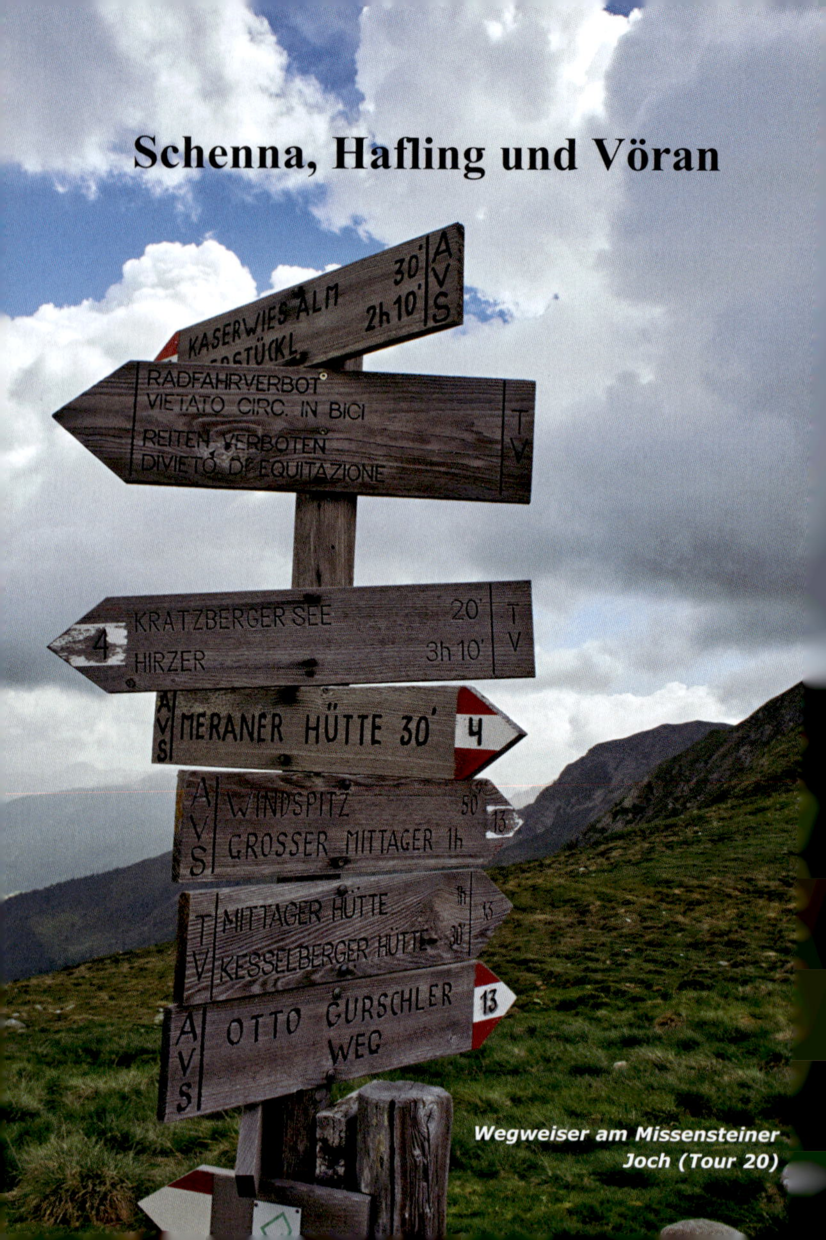

Wegweiser am Missensteiner Joch (Tour 20)

⑲ Rund um Schenna mit dem Waalweg

Tour für gemütliche Wanderfreundinnen und -freunde

Schenna ist ein beliebter Urlaubsort oberhalb von Meran. Oberhalb des Ortes verläuft der Waalweg von Schenna, der gemütlich am Waal entlangführt. Dabei schlendern Sie über Obstwiesen, tauchen in den Wald ein und genießen einen wunderschönen Ausblick auf die Texelgruppe auf der anderen Talseite.

- Start/Ziel: Parkhaus in der Ortsmitte von Schenna, GPS N 46°41.138' E 011°11.198'
- 5,5 km
- 2 Std.
- 265 m/265 m
- 560-825 m
- Rot-weiß markierte Steige mit guter Ausschilderung. Der Zustieg zum Waal erfolgt auf der Nr. 20, der Abstieg ins Dorf auf der Nr. 3.
- Einfache, breite Wanderwege. Einmal sind ein kurzer steiler Anstieg und ein steilerer Abstieg zu bewältigen.
- Einkehrmöglichkeit beim Gasthof Tiefenbrunn (km 1,2), im Café am Waal (km 3,6) und im Restaurant Georgenhof (km 4,5)
- schöne Sitzmöglichkeiten am Waalweg
- Der Weg ist für Kinder ab 8 Jahren geeignet. Das Wandern am Wasser macht Spaß.
- Der Weg kann gut mit Hunden begangen werden.
- Parkplatz in der Ortsmitte von Schenna
- von Meran mit dem Bus Linie 231 (halbstündlich) nach Schenna

Die Ortsmitte wird gebildet von der alten Pfarrkirche Maria Aufnahme und der neuen Pfarrkirche. Oberhalb davon erhebt sich das Schloss Schenna, an dem Sie gleich vorbeiwandern. Direkt von der Ortsmitte in Schenna folgen Sie der Ausschilderung in Richtung Waalweg (Weg Nr. 20) und der Schennastraße. Sie wandern entlang der Straße Schlossweg bis zum Schloss Schenna ❶.

Schloss Schenna

Das Schloss gehört zu den bedeutendsten Schlössern in Südtirol. Über eine Brücke gelangt man zum Eingang des Schlosses, in dem sich eine Waffensammlung, eine Gemälde- und Portraitgalerie sowie zahlreiche kunsthistorische Objekte befinden. Das Schloss selbst entstand um 1350. Es ist heute noch bewohnt und kann im Rahmen von Führungen besichtigt werden.

♦ Schloss Schenna, ☏ +39/04 73/94 56 30, 💻 www.schloss-schenna.com, ✉ info@schloss-schenna.com, 🚪 April bis Oktober Di-Fr um 11:30 und 15:00 sowie Mo und Do um 21:00, Eintritt Erwachsene € 11, Kinder bis 6 Jahre € 3, Kinder zwischen 7 und 14 Jahren € 5

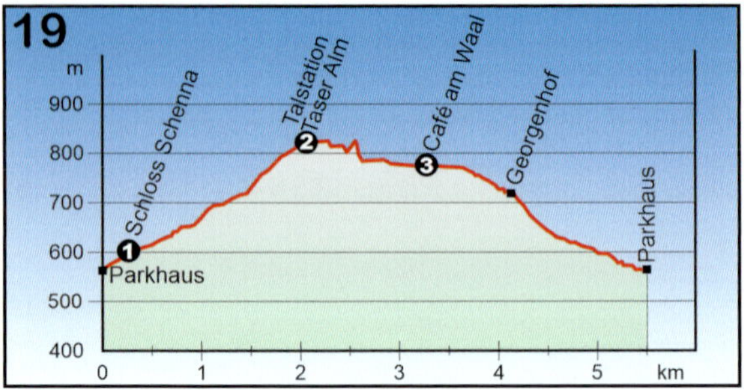

Vom Schloss wandern Sie entlang der Straße Schlossweg immer weiter aufwärts. Nach Nordwesten geht es weiter auf die Verdinserstraße. Sie folgen weiter den Markierungen bergauf und passieren den ✕ Gasthof Tiefenbrunn. Es ist zwar noch etwas arg früh auf der Wanderung, trotzdem ist die Einkehr im Gasthof Tiefenbrunn sehr schön.

✕ Gasthof Tiefenbrunn, Verdinserstraße 34, 39017 Schenna, ☏ +39/04 73/94 58 18, 💻 www.tiefenbrunn.com, ✉ info@tiefenbrunn.com, 🚪 So-Fr 9:00-14:00 und 17:00-23:00, Sa Ruhetag

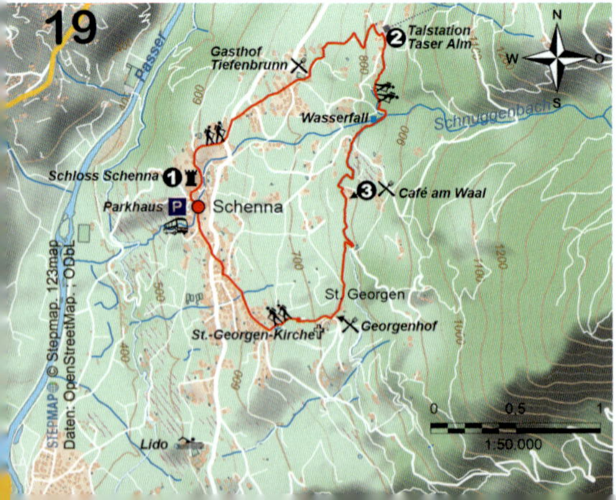

Nach dem Gasthof Tiefenbrunn beginnen die Obstplantagen, durch die Sie hindurchwandern. Sie gehen noch an einem Gebäude vorbei und kommen nun zum steilsten Aufstieg der Tour. Über eine freie Wiese steigen Sie hinauf. Zwischendurch sollten Sie sich umdrehen und die schöne Aussicht auf

die Umgebung genießen. Der Blick reicht über das wunderschöne Tal hinüber nach Dorf Tirol und die darüber aufragenden Gipfel.

Steil führt der Steig weiter bergauf bis zur Talstation der Seilbahn der Taser Alm ❷. Hier wenden Sie sich nach rechts und bleiben auf der Straße abwärts, bis nach links der Waalweg abzweigt. Sie folgen dem Steig, der in den Wald hineinführt. Sie treffen bald auf den wasserführenden Waal, an dem Sie entlangspazieren. Der Weg führt über eine Steilstufe bergab zu einem Wasserfall. Es handelt sich um ein wirklich idyllisches Plätzchen. Hier genießen Sie die einmalig märchenhafte Atmosphäre.

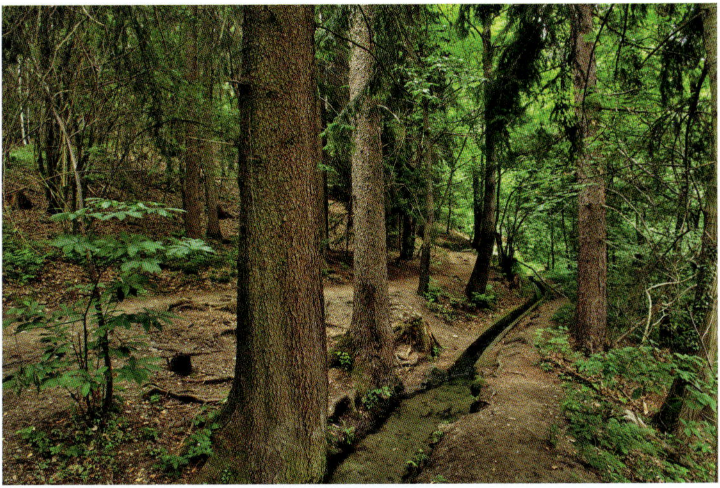

Zu Beginn verläuft der Waal im Wald

Schließlich wandern Sie noch ein kurzes Stück durch den Wald und gelangen dann in freies Gelände. Wieder genießen Sie eine wunderbare Aussicht. Hier befindet sich auch eine ⛼ Bank. Anschließend wandern Sie auf dem Weg weiter und gelangen zu einem schön gestalteten Platz mit ein paar ⛼ Bänken.

Nach einer möglichen Pause bleiben Sie auf dem Waalweg, überqueren eine Straße und kommen bald zur ✕ Jausenstation Café am Waal ❸, in der Sie einkehren können. Die Jausenstation ist umgeben von Apfelbäumen und bietet von der Terrasse einen wunderbaren Panoramablick. Besonders an warmen Sommertagen lockt der kühle Eiskaffee oder ein gemischtes Eis mit Erdbeeren.

✕ Jausenstation Café am Waal, Pichler Straße 19, 39017 Schenna, +39/338/285 29 84, www.cafeamwaal.it, info@cafeamwaal.it, Ende März bis Ende Oktober So-Fr 9:00-18:00, Sa Ruhetag

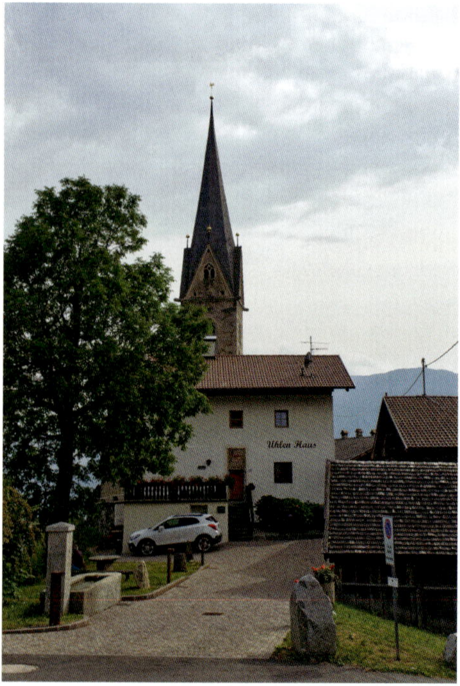

Die St.-Georgen-Kirche bei Schenna

Nach der Stärkung in der Jausenstation folgen Sie noch ein Stück dem Waal, bis Sie auf eine Straße treffen. Hier schicken Sie Wegweiser nach rechts in Richtung St. Georgen. Auf der Teerstraße spazieren Sie hinunter zur schön gelegenen Kirche ✝ St. Georgen. Die Kirche selbst stammt aus dem 12.-13. Jahrhundert und besitzt schöne Fresken aus dem 14. Jahrhundert über das Martyrium des heiligen Georg. Von der Kirche haben Sie einen wundervollen Panoramablick auf die Stadt Meran und das Etschtal.

Hier befindet sich auch das ✕ Restaurant Georgenhof, in dem sich ebenfalls eine Einkehr lohnt.

✕ Restaurant Georgenhof, 39017 Schenna, ☏ +39/04 73/94 56 89, georgenhof@hotmail.com, April bis Ende Oktober Mo, Do-Sa 16:30-23:00, Mi, So 11:00-23:00, Di Ruhetag

Gegenüber vom Gasthof führt der Weg hinunter nach Schenna. Steil steigen Sie auf einem Steig abwärts, bis Sie wieder eine Straße erreichen. Auf dieser steigen Sie weiter hinunter in Richtung Ortsmitte. Sie erreichen die Schennastraße und gehen auf dieser nach rechts bis zum Parkhaus im Ort.

Panoramaschwimmbad Lido Schenna

Schenna wartet mit 300 Sonnentagen im Jahr auf. Da bietet sich gerade im Sommer zum Abkühlen ein Besuch des Panoramaschwimmbades an. Das Freischwimmbad liegt sehr aussichtsreich am Ortsrand. Sie haben einen großartigen Blick auf die andere Talseite zur Texelgruppe. Daher gehört es auch zu den beliebtesten Freibädern in der Region. Es gibt ein Schwimmbecken, eine Wasserrutsche, ein Sprudelbecken und ein Kinderbecken. Somit kann man sich nach Lust und Laune im Bad austoben und erholen.

Panoramabad Lido Schenna, ☏ +39/04 73/23 49 03, www.lidoschenna.com, Ende Mai bis Mitte Juni 10:00-18:00, Mitte Juni bis Ende August 9:00-20:00, Eintritt Erwachsene ab € 9, Kinder bis 4 Jahre frei, Kinder 5 bis 14 Jahre € 4,60

Schloss Trautmannsdorff

Unterhalb des Ortes Schenna liegt Schloss Trautmannsdorff. Fahren Sie von der Autobahn nach Schenna, kommen Sie direkt am Schloss vorbei. Die Gärten um das Schloss erstrecken sich auf 12 Hektar in der Form eines natürlichen Amphitheaters. Über 80 verschiedene Gartenlandschaften beherbergen Pflanzen aus der ganzen Welt. Im Schloss selbst wohnte einst die österreichische Kaiserin Elisabeth, besser bekannt als Sissi, bei ihren Kuraufenthalten. Insgesamt verbrachte die Kaiserin vier Aufenthalte in Meran, davon zwei in Schloss Trautmannsdorff. Auch im Garten trifft man immer wieder auf Spuren der Kaiserin. Sie liebte lange Spaziergänge und war gerne in den Gärten um das Schloss unterwegs. Ansonsten lebte sie während ihrer Aufenthalte sehr zurückgezogen. Sie bewohnte nur wenige Zimmer.

Im Schloss selbst befindet sich das Touriseum, das die alpine Geschichte des Tourismus über die letzten 200 Jahre in Meran und Südtirol zeigt.

♦ Schloss Trautmannsdorf, ☏ +39/04 73/25 56 00, www.trautmannsdorf.it, info@trautmannsdorf.it, 1. April bis 15. Oktober 9:00-19:00, danach bis Ende Oktober bis 18:00 bzw. bis Mitte November bis 17:00, Eintritt: Erwachsene € 15, Kinder und Jugendliche ab 6 Jahren € 12, Kinder unter 6 Jahren frei, Familien € 32

20 Zum Kratzberger See

Tour für Freundinnen und Freunde geheimnisvoller Seeaugen

Meran 2000 ist ein beliebtes Wandergebiet. Hoch über der Stadt Meran laden die vielen Wanderwege zum Erkunden und Erleben der Natur ein. Eher unbekannt ist der Abstecher zum Kratzberger See, einem wirklich schönen, kleinen Gebirgssee in märchenhafter Umgebung.

Start/Ziel: Bergstation der Seilbahn Meran 2000, GPS N 46°40.374' E 011°15.190'

11 km

3 Std. 30 Min.

319 m/319 m

1.891-2.133 m

Rot-weiß markierte Steige mit guter Ausschilderung. Weg Nr. 3 bringt Sie ins Joch, Nr. 4 zum See und zur Kirchsteiger Alm. Der Weg Nr. 18A führt zurück zur Bergstation.

bis ins Missensteiner Joch guter, einfacher Wanderweg, Weiterweg zum See auf schmalem, aber gut zu begehendem Steig, Rückweg vom Joch gute, einfache Wanderwege

Auf der Hinweg nur Einkehrmöglichkeit an der Bergstation. Für den Rückweg bietet sich die Einkehr auf der Kirchsteiger Alm (km 8) oder Waidmannalm (km 8,9) an. Auch die Meraner Hütte ist nicht weit vom Hauptweg entfernt.

schöne Sitzmöglichkeiten am Missensteiner Joch (km 3,6 und 6,9) und auf den Felsen um den See (km 5,2)

Der Weg ist für Kinder ab 8 Jahren geeignet. Die Wege sind nicht steil, die Tour nicht zu lang und ein See lockt immer. In der Umgebung der Bergstation gibt es viele Attraktionen für Kinder, wie die Alpin Bobs oder das Outdoor Kids Camp.

Der Weg kann gut mit Hunden begangen werden. Auf den Almwiesen sollte man die Hunde anleinen.

Parkplatz an der Talstation Naif bei Meran oder der Talstation Falzeben bei Hafling

Von Meran mit dem Bus Linie 1A alle 15 Minuten nach Naif oder der Linie 225 nach Hafling (halbstündlich bzw. stündlich) und weiter (ohne Umsteigen) nach Falzeben.

Mit der großen Seilbahn von Naif oder der Gondelbahn von Falzeben erreichen Sie die Bergstation von Meran 2000 am Piffinger Köpfl.

Seilbahn Meran 2000, Naifweg 37, 39012 Meran, +39/04 73/23 48 21, meran2000.com, info@meran2000.com, 30.04.-06.11. 9:00-17:00, 25.06.-

25.09. 8:30-18:00, Berg- und Talfahrt € 22 für Erwachsene, € 18,50 für Junioren, € 15,50 für Kinder ab 8 Jahren

Gondelbahn Falzeben, Falzebnerstraße 233, 39010 Falzeben, +39/04 73/23 48 21, meran2000.com, info@meran2000.com, 30.04.-06.11. 9:00-17:00, 25.06.-25.09. 8:30-17:30, Berg- und Talfahrt € 18,50 für Erwachsene, € 15,50 für Junioren, € 13 für Kinder ab 8 Jahren

Natürlich können Sie Ihre Tour mit einer Einkehr direkt hier beginnen. Oder Sie heben sich diese für den Rückweg auf und legen sich in einen der Liegestühle auf der Terrasse und lassen sich die Sonne auf den Pelz scheinen.

Berggasthof Piffinger Köpfl, Piffinger Weg 16, 39010 Hafling, +39/04 73/27 96 10, piffinger-koepfl.com, info@piffinger-koepfl.com, geöffnet mit der Bergbahn

Von der Bergstation wandern Sie auf dem Weg Nr. 3 in nordöstlicher Richtung. Noch im Wald steigt der breite Weg steil bergan und bringt Sie in freies Gelände, wo Sie sich erst einmal umblicken und die Aussicht bewundern.

Der Weg führt nun unter einem Sessellift entlang. Das freie Gelände schenkt Ihnen weite Blicke über das Wandergebiet Meran 2000. Eine erste Abzweigung ignorieren Sie und gehen unter dem Sessellift weiter.

Am Ende des Sesselliftes gelangen Sie zu einer Wegteilung ❶. Hier verlassen Sie die breite Straße, die nach links zur Kuhleitenhütte zieht. Sie folgen stattdessen dem geradeaus führenden Wanderweg. Dieser bringt Sie durch freies Gelände ohne viel Steigung bis ins Missensteiner Joch ❷. Hier treffen mehrere Wanderwege zusammen. Am Joch können Sie sich schön ins Gras setzen

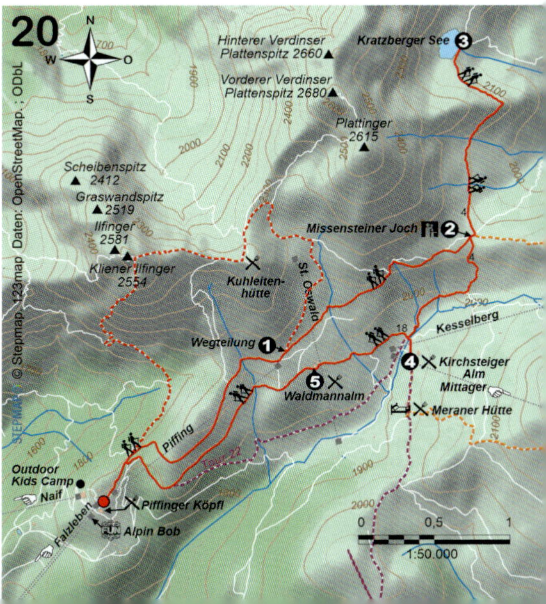

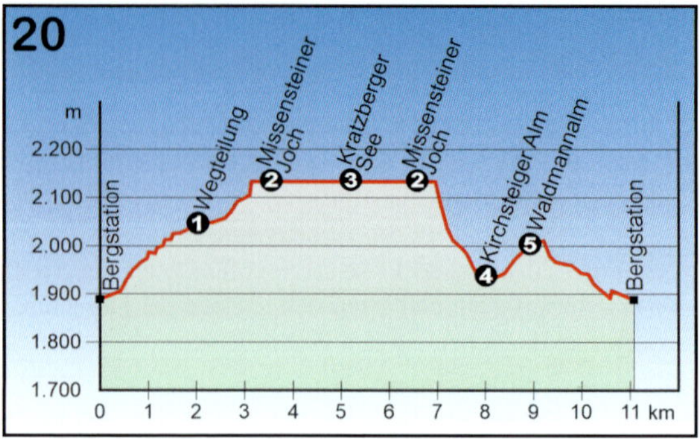

und die Sonne und die Umgebung genießen. Hier haben Sie auch in nordöstlicher Richtung einen schönen Blick zu eher einsameren Gipfeln in den Sarntaler Alpen.

Das Joch selbst liegt ein paar Meter höher als Ihr Ziel, der Kratzberger See. Vom Joch gehen Sie durch das Gatter auf die andere Seite des Zaunes und wandern auf dem Weg Nr. 4 in Richtung See. Der Steig führt in nördlicher Richtung zuerst über Wiesen, später tänzeln Sie durch Blockwerk. Der Weg ist insgesamt gut gangbar und bringt Sie nach rechts zu einer Geländekante. Nach der Kante folgen Sie dem Weg noch ein Stück, bis Sie bald den See unter sich sehen. Wunderschön liegt das blaue Seeauge vor Ihnen. Sie steigen hinunter zum idyllisch gelegenen See ❸ und setzen sich ans Ufer oder auf einen der Blöcke oberhalb des Wassers. Gerade früh am Morgen ist es hier herrlich still. Wer möchte, kann seine Füße im kalten See erfrischen. Besonders Mutige steigen im Hochsommer auch in die kühlen Fluten.

Über den See gibt es einige Sagen – zum Beispiel über eine Wirtstochter, der am See die Heirat versprochen wurde und die bitterlich enttäuscht wurde. Manchmal sieht man die Enttäuschung und es ziehen dunkle Wolken über dem Ifinger auf. Dann hört man auch ein starkes Grollen über den Bergen.

Der Rückweg erfolgt am Anstieg zum Missensteiner Joch. Natürlich könnten Sie jetzt am Anstiegsweg zurück zur Bergstation Meran 2000 wandern. Wer aber noch eine kleine Runde drehen und eine Einkehr genießen möchte, dem legen wir nun den Weg Nr. 4 ans Herz. Auf ihm wandern Sie über die herrlichen Bergwiesen hinunter zu einer Schotterstraße, von der es nach links nicht weit bis zur ✕ Kirchsteiger Alm ❹ ist.

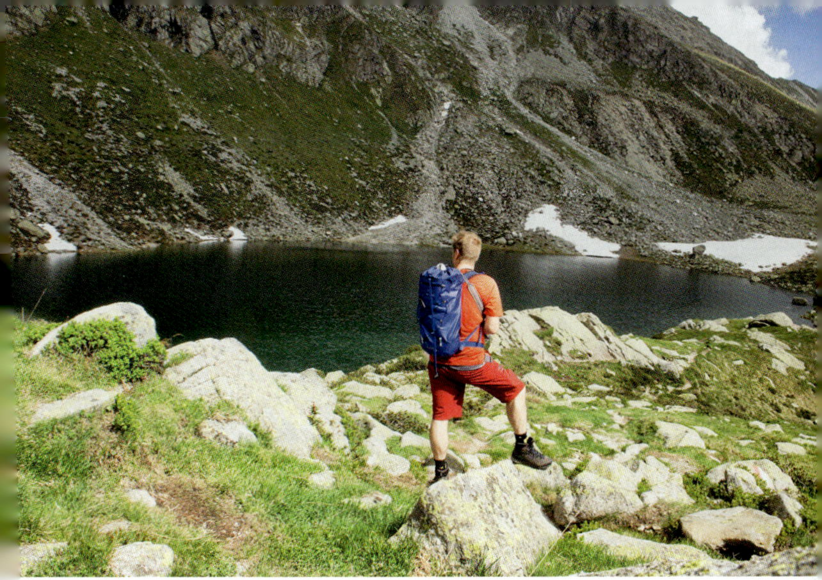

Am Kratzberger See

Hier können Sie sich von der Wirtin Zita Unterholzner und ihrem Team mit Südtiroler Leckereien verwöhnen lassen. Besonders beliebt sind Zitas Kuchen, die mit Liebe zubereitet werden.

✕ Kirchsteiger Alm, Piffinger Weg 41, 39010 Hafling, +39/320/331 12 86,
www.kirchsteigeralm.com, Z.unterholzner@gmail.com,
April bis November tgl.

Unweit der Hütte steht weiter geradeaus die ✕ Meraner Hütte, in der Sie ebenfalls einkehren können. Auch in dieser Hütte findet man regionale Köstlichkeiten aus der traditionellen Südtiroler Küche.

✕ Meraner Hütte, Piffinger Weg 47, 39010 Hafling, ☏ +39/04 73/27 94 05,
www.meranerhuette.it, info@meranerhuette.it,
Anfang Mai bis Allerheiligen tgl.

Von der Kirchsteiger Alm folgen Sie dem Weg Nr. 18 in Richtung Piffinger Köpfl. Dieser bringt Sie über die freien Wiesen zur ✕ Waidmannalm ❺, die ebenfalls zur Einkehr einlädt.

✕ Waidmannalm, Piffinger Weg 30, 39010 Hafling, ☏ +39/04 73/27 94 61, waidmannalm@rolmail.net, Mai bis Anfang November Di-So 9:00-17:00, Mo Ruhetag (außer im August)

An der Alm beginnt der breite Weg Nr. 18A, auf dem Sie direkt zur Bergstation am Piffinger Köpfl zurückwandern.

☺ Alpin Bob

Ein besonderes Erlebnis ist es, mit den Alpin Bobs von der Bergstation ins Tal zu rauschen. Auf der 1,1 km langen Schienenbahn brausen Kinder und Erwachsene mit viel Spaß ins Tal. Am Starthaus bekommt man ein Erinnerungsfoto vor der Talfahrt. Am Ende können Sie sich entweder wieder zur Bergstation hochziehen lassen oder Sie wandern weiter zur Talstation der Gondelbahn in Falzeben.

FUN Alpin Bob, ☏ +39/04 73/23 48 21, www.meran2000.com/de/sommer/mit-kindern/alpin-bob/25-0.html, Ende April bis Ende Juni und Ende September bis Anfang November tgl. 10:00-16:30, Ende Juni bis Ende September 10:00-17:15, Preis für eine Fahrt € 5, für fünf Fahrten € 22,50, für zehn Fahrten € 42,50

☺ Klettersteigabenteuer am Ifinger

Für die ambitionierten Bergsteigerinnen und Bergsteiger bietet sich von der Bergstation die Klettersteigtour auf den Kleinen Ifinger an. Der gut gesicherte Steig weist Schwierigkeiten von B/C auf. Der Zustieg zum Einstieg ist mit 45 Minuten relativ kurz. Mit 500 Höhenmetern ist der Klettersteig dafür ziemlich lang und erfordert gute Ausdauer. Bei Nässe sollte man die Tour nicht begehen, da es sich teilweise um grasdurchsetztes Felsgelände handelt. Passen aber die Verhältnisse sowie die Ausdauer, dann findet man einen großartigen Klettersteig mit wunderschönen Ausblicken auf die Stadt Meran und das Etschtal. Der Zustieg von der Bergstation ist ausgeschildert. Der Abstieg erfolgt über die bewirtschaftete ✕ Kuhleitenhütte zurück zur Bergstation am Piffinger Köpfl (Markierungen Nr. 19 und 19A).

✕ Kuhleitenhütte, Piffinger Weg 36, 39010 Hafling +39/347/714 32 77, www.kuhleiten.it, info@kuhleiten.it, Mitte Mai bis Ende Oktober 9:00-17:00

Natürlich können Sie sich auch hier führen lassen, da Sie schon etwas Erfahrung mitbringen sollten. Zum Beispiel hier:

♦ Bergsteigerschule MeranAlpin, Meranerstraße 15, 39011 Lana, +39/348/26 00 08 13, www.meranalpin.com, info@meranalpin.com, Mo-So 8:00-19:00

21 Auf die Windspitze und den Mittager

Tour für Gipfelfreundinnen und Gipfelfreunde

Dieses Gipfelduo lässt sich einfach von der Bergstation von Meran 2000 besteigen. Die weitläufigen Flächen sind ideal zum Wandern. Die Windspitze ist im Gipfelbereich etwas steiler, der Mittager dagegen sehr flach und ausgedehnt. Von beiden Gipfeln bietet sich eine grandiose Rundumsicht.

Start/Ziel: Bergstation der Seilbahn Meran 2000, GPS N 46°40.374' E 011°15.190'

13,1 km

4 Std. 30 Min.

605 m/605 m

1.891-2.423 m

Rot-weiß markierte Steige mit guter Ausschilderung. Weg Nr. 3 bringt Sie ins Joch. Auf dem Weg Nr. 13 gehen Sie zu den Gipfeln. Der Abstieg erfolgt auf Nr. 13A zur Meraner Hütte. Auf Nr. 14 gehen Sie in Richtung Bergstation, bis der Steig Nr. 17 nach rechts abzweigt.

bis ins Missensteiner Joch guter, einfacher Wanderweg, Weiterweg bis unter die Windspitze guter Steig, dann kurzer steiler Aufstieg zum Gipfel, Übergang zum Mittager wieder deutlich flacher

Einkehrmöglichkeiten an der Bergstation sowie an der Kesselberghütte (km 5), der Mittagerhütte (km 8,2), der Meraner Hütte (km 9,7), der Kirchsteiger Alm (km 10,1) und der Waidmannalm (km 11)

schöne Sitzmöglichkeiten am Missensteiner Joch (km 3,7) sowie an beiden Gipfeln (km 6 und km 6,6)

Der Weg ist für Kinder ab 10 Jahren geeignet. Der Aufstieg zur Windspitze ist etwas steiler, kann aber mit Kindern gut begangen werden. In der Umgebung der Bergstation gibt es viele Attraktionen für Kinder, wie die Alpin Bobs oder das Outdoor Kids Camp.

Der Weg kann gut mit Hunden begangen werden. Auf den Almwiesen sollte man die Hunde anleinen.

P Parkplatz an der Talstation Naif bei Meran oder der Talstation Falzeben bei Hafling

von Meran mit dem Bus Linie 1A alle 15 Minuten nach Naif oder der Linie 225 über Hafling (halbstündlich bzw. stündlich) nach Falzeben

Mit der großen Seilbahn von Naif oder der Gondelbahn von Falzeben erreichen Sie auch bei dieser Wanderung die Bergstation von Meran 2000 am Piffinger Köpfl, wo Sie im Berggasthof gemütlich einkehren können. Besonders schön sind die Liegestühle auf der Sonnenterrasse.

Seilbahn Meran 2000, Naifweg 37, 39012 Meran, ☏ +39/04 73/23 48 21, meran2000.com, info@meran2000.com, 30.04.-06.11. 9:00-17:00, 25.06.-25.09. 8:30-18:00, Berg- und Talfahrt € 22 für Erwachsene, € 18,50 für Junioren, € 15,50 für Kinder ab 8 Jahren

Gondelbahn Falzeben, Falzebnerstraße 233, 39010 Falzeben, ☏ +39/04 73/23 48 21, meran2000.com, info@meran2000.com, 30.04.- 06.11. 9:00-17:00, 25.06.-25.09. 8:30-17:30, Berg- und Talfahrt € 18,50 für Erwachsene, € 15,50 für Junioren, € 13 für Kinder ab 8 Jahren

Berggasthof Piffinger Köpfl, Piffinger Weg 16, 39010 Hafling ☏ +39/04 73/27 96 10, piffinger-koepfl.com, info@piffinger-koepfl.com, geöffnet mit der Bergbahn

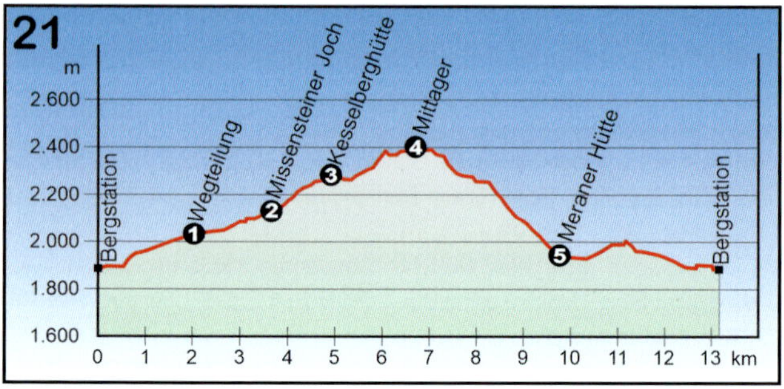

Wie bei der Wanderung Nr. 20 gehen Sie auf dem Weg Nr. 3 in Richtung Missensteiner Joch.

Sie wandern auf dem breiten Weg bis zu einer Wegteilung ❶. Hier verlassen Sie die breite Straße, die nach links aufwärtszieht, und folgen weiterhin dem geradeaus führenden Wanderweg. Ohne viel Steigung oder Höhengewinn spazieren Sie durch schönes, freies Gelände bis in das weite Missensteiner Joch ❷. Hier treffen mehrere Wanderwege zusammen. Am Joch gönnen Sie sich erst einmal eine kleine Rast und bewundern die herrliche Aussicht. Das weitläufige Gelände ist sehr sanft und gemütlich. Hier bekommen Sie auch einen schönen Blick auf die umliegenden Berge der Sarntaler Alpen.

Abstecher zum idyllischen Kratzberger See

Wer möchte, kann Teile der ☞ Tour Nr. 20 zum Kratzberger See mit der hier beschriebenen Tour zur Windspitze und zum Mittager kombinieren. Sie sind ja schon am Missensteiner Joch, dann ist es auch nicht mehr weit zum sagenumwobenen Kratzberger See. Nach der Rückkehr am Joch beginnen Sie dann mit dem

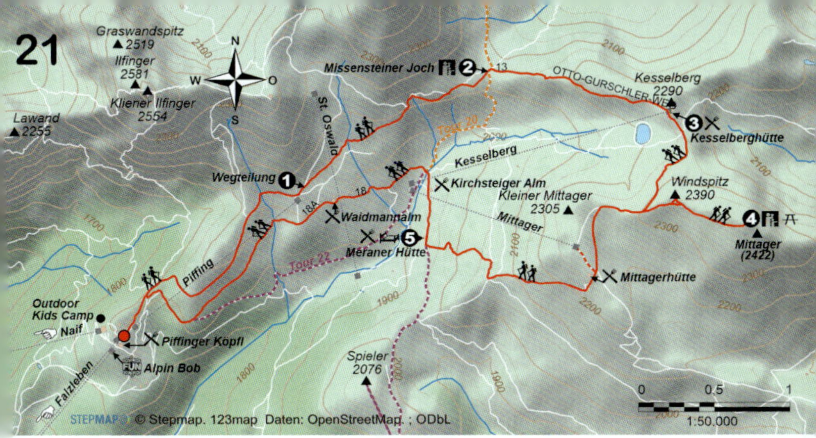

Anstieg zur Kesselberghütte und wandern anschließend weiter zur Windspitze und Mittager. (zusätzlich 3,2 km, 19 Hm, 1 Std.)

Vom Missensteiner Joch folgen Sie dem Otto-Gurschler-Weg mit der Markierung Nr. 13 in Richtung Kesselberghütte. Am Wegesrand stehen kleine Madonnenfiguren. Sie wandern ohne viel Anstrengung hinauf zur ✕ Kesselberghütte ❸, der ersten gemütlichen Einkehrmöglichkeit auf dieser Wanderung.

✕ Kesselberghütte, ☏ +39/04 73/27 94 77, ✉ klasab.2000@gmail.com, tgl. Mitte Juni bis Anfang November

Von der Hütte gehen Sie hinunter in die nahe Kesselbergscharte und wandern unter der Windspitze hindurch. Steil und schweißtreibend führt der Steig hinauf in die Scharte zwischen Kleinem Mittager und Windspitze. Hier in der Scharte wenden Sie sich nach links und steigen über gut zu begehendes Schuttgelände bis unter den Gipfelaufbau der Windspitze.

Auf den letzten Metern zum großen Gipfelkreuz kraxeln Sie über einen steilen, steinigen Steig hinauf. Oben setzen Sie sich unter das Kreuz und genießen die wunderbare Aussicht auf die umliegenden Berge, vor allem das wilde Ifingermassiv.

Nach der ausgiebigen Gipfelpause steigen Sie ein paar Meter zurück zum Weg Nr. 13 und folgen diesem weiter nach Osten. Sie wandern über sehr weitläufiges Gelände und bewundern die Blumen am Wegesrand. Schließlich erreichen Sie das Kreuz auf dem Mittager ❹, wo Sie auf einer Bank die Gipfelpause verbringen können.

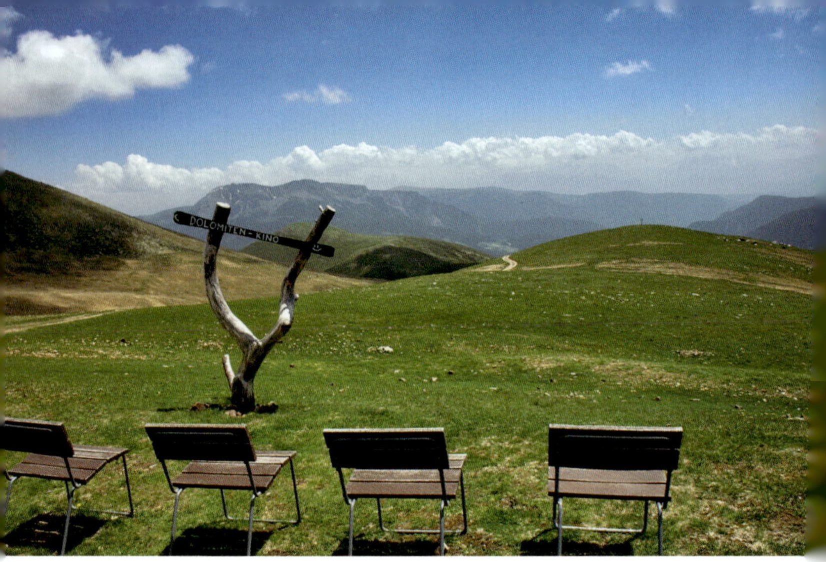

Ausblick in Richtung Dolomiten an der Mittagerhütte

Nach der zweiten Gipfelpause gehen Sie zurück in die Scharte unter der Windspitze und folgen dem grasigen Rücken bergab. Dieser führt auf den Kleinen Mittager zu, biegt aber bald nach links ab und bringt Sie zur nahen bewirtschafteten ✕ Mittagerhütte. Von der großen, sonnigen Terrasse genießen Sie einen wunderbaren Ausblick auf die umliegende Bergwelt und lassen sich die Südtiroler Gerichte der Küche schmecken.

✕ Mittagerhütte, +39/345/408 16 63, pixner.h@libero.it, in den Sommermonaten tagsüber geöffnet

Knieschonender Abstieg

Wer die Knie bergab schonen möchte, der kann auch mit dem Sessellift von der Mittagerhütte abwärtsfahren. Die Talstation befindet sich in der Nähe der Kirchsteiger Alm.

Sessellift Mittager, Mitte Juni bis Mitte Oktober 10:00-16:00, Einzelfahrt für Erwachsene € 4

Wer noch genug Kraft und Energie hat, macht sich nach der Pause an den weiteren Abstieg in Richtung Meraner Hütte. Auf einem steilen Pfad wandern Sie über freies Gelände hinunter zur ✕ Hütte ❺.

Auch hier werden Ihnen regionale Köstlichkeiten aus der traditionellen Südtiroler Küche geboten.

Meraner Hütte, Piffinger Weg 47, 39010 Hafling, +39/04 73/27 94 05,
www.meranerhuette.it, info@meranerhuette.it, Anfang Mai bis Allerheiligen tgl.

Von der Meraner Hütte gehen Sie ein Stück nordwärts zur Kirchsteiger Alm, die die Wirtin Zita Unterholzner bewirtschaftet. Besonders Kuchen sind ihre Spezialität.

Kirchsteiger Alm, Piffinger Weg 41, 39010 Hafling, +39/320/331 12 86,
www.kirchsteigeralm.com, z.unterholzner@gmail.com,
April bis November tgl.

Von der Kirchsteiger Alm spazieren Sie auf dem Weg Nr. 18 in Richtung Piffinger Köpfl. Dieser bringt Sie über freies Gelände bis zur Waidmannalm, die ebenfalls zur Einkehr einlädt.

Waidmannalm, Piffinger Weg 30, 39010 Hafling, +39/04 73/27 94 61,
waidmannalm@rolmail.net, Mai bis Anfang November Di-So 9:00-17:00,
Mo Ruhetag (außer im August)

An der Alm beginnt der breite Weg Nr. 18A, auf dem Sie direkt zur Bergstation am Piffinger Köpfl zurückwandern.

☺ Outdoor Kids Camp an der Bergstation

In diesem Kids Camp trainieren Ihre Kinder Kraft, Gleichgewicht, Schnelligkeit, Sprungkraft und Geschicklichkeit und haben dazu noch eine Menge Spaß. Es gibt eine Doppel-Seilbahn, Kletterstämme und Rutschbahnen, Wackel-Parcours, Slacklines, Hüpftrampoline, eine kleine Kletterwand und mehr. Auch ein Streichelzoo fehlt nicht.

Bergstation Meran 2000,
www.meran2000.com/de/sommer/mit-kindern/outdoor-kids-camp/27-0.html,
Mai bis September 9:00-17:00, kostenlos

22 Der Spieler bei Meran 2000

Tour für Genießerinnen und Genießer

Das Gipfelkreuz auf dem Spieler sieht man schon von Weitem. Besonders beeindruckend ist es von der Windspitze oder der Mittagerhütte. Von oben bietet sich eine prächtige Aussicht. Es handelt sich um eine gemütliche Wanderung, die vorwiegend bergab geht. Gleichzeitig bieten mehrere Almen und Hütten eine Einkehrmöglichkeit an.

→ Start: Bergstation der Gondelbahn Falzeben – Meran 2000, GPS N 46°40.374' E 011°15.190'; Ziel: Talstation der Gondelbahn in Falzeben, GPS N 46°39.561' E 011°14.274'

11,5 km

3 Std. 45 Min.

↑↓ 330 m/611 m

⇧ 1.576-2.078 m

Rot-weiß markierte Steige mit guter Ausschilderung: Zuerst folgen Sie kurz Weg Nr. 3, bis Nr. 18A nach rechts abzweigt. Weg Nr. 17 bringt Sie dann zum breiten Weg Nr. 14, auf dem Sie zur Kirchsteiger Alm wandern. Weg Nr. 4 bringt Sie zum Kreuzjöchl. Auf dem Weg Nr. 15 steigen Sie ab zur Moschwaldalm und wandern am Weg Nr. 51 zurück zur Talstation.

Gute Wanderwege, teilweise sogar breite Schotterstraßen. Der Aufstieg zum Spieler ist weglos.

Einkehrmöglichkeiten an der Bergstation sowie an der Kirchsteiger Alm (km 3), der Meraner Hütte (km 3,3), der Maiser Alm (km 8,1) oder der Moschwaldalm (km 9)

schöne Sitzmöglichkeiten an den Almen und auf dem Gipfel

Der Weg ist für Kinder ab 8 Jahren geeignet. Die Wege sind nicht besonders schwer, die Kühe auf den Almen begeistern die Kinder und die weglose Etappe ist spannend.

Der Weg kann gut mit Hunden begangen werden. Auf den Almwiesen sind sie anzuleinen.

P Parkplatz an der Talstation Falzeben bei Hafling, Pkw-Tagesgebühr € 4, ab 12:00 € 3 pro Pkw

von Meran mit dem Bus Linie 1A alle 15 Minuten nach Naif oder der Linie 225 über Hafling (halbstündlich bzw. stündlich) nach Falzeben

Auch diese Wanderung startet wieder an der Bergstation von Meran 2000 am Piffinger Köpfl. Für diese Rundtour empfiehlt es sich, in Falzeben oberhalb von

Hafling zu starten, wenn man mit dem Auto anreist, da die Tour an der Talstation in Falzeben wieder endet. Bei der Anreise mit öffentlichen Verkehrsmitteln können Sie auch mit der großen Seilbahn bei Meran zur Bergstation fahren. Dann nehmen Sie für die Rückfahrt den Bus von Falzeben nach Meran.

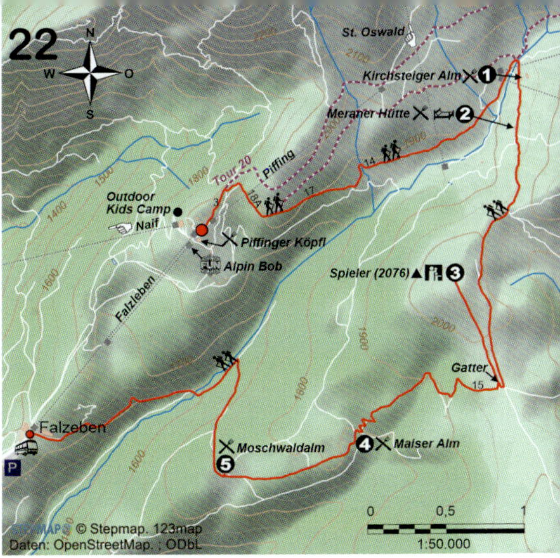

Gondelbahn Falzeben, Falzebnerstraße 233, 39010 Falzeben, ☏ +39/04 73/23 48 21, 💻 meran2000.com, ✉ info@meran2000.com, 🚪 30.04.-06.11. 9:00-17:00, 25.06.-25.09. 8:30-17:30, Berg- und Talfahrt € 18,50 für Erwachsene, € 15,50 für Junioren, € 13 für Kinder ab 8 Jahren

✕ Berggasthof Piffinger Köpfl, Piffinger Weg 16, 39010 Hafling, ☏ +39/04 73/27 96 10, 💻 piffinger-koepfl.com, ✉ info@piffinger-koepfl.com, 🚪 geöffnet mit der Bergbahn

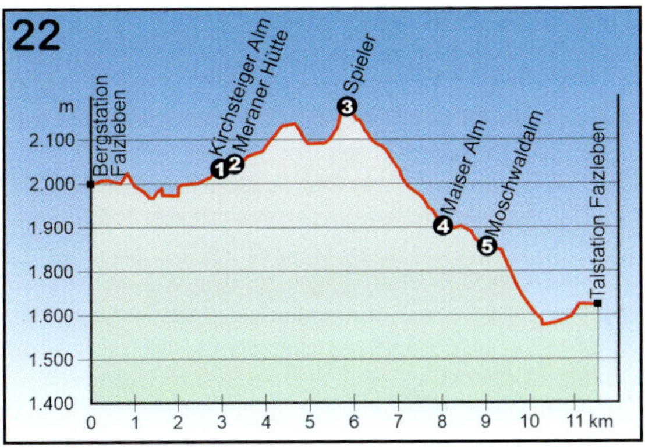

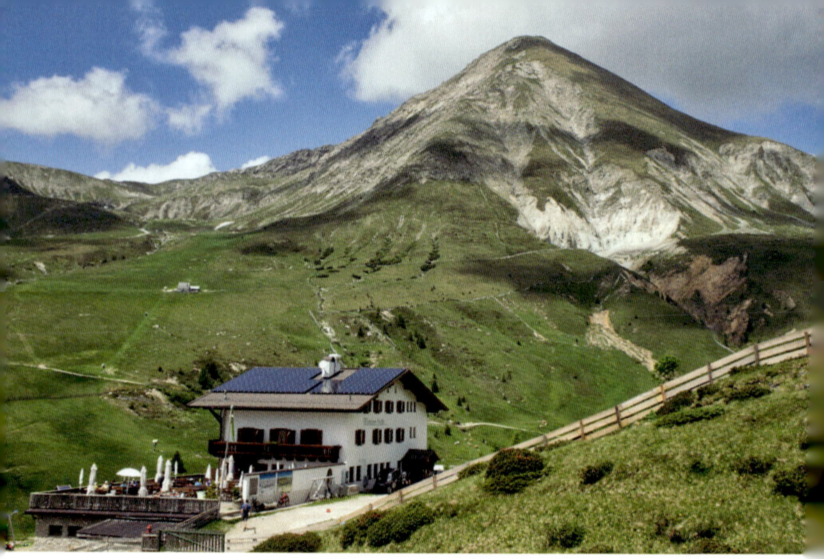

Die Meraner Hütte

Von der Bergstation von Meran 2000 wandern Sie dem Weg Nr. 3 in nordöstliche Richtung. An der ersten Wegteilung gehen Sie nach rechts auf den Weg Nr. 18A. Bald zweigt nach rechts der Steig Nr. 17 ab. Er bringt Sie zu einer Straße. Auf dieser gehen Sie (Markierung Nr. 14) weiter in Richtung Kirchsteiger Alm ❶ und zur nahen ✕ Meraner Hütte ❷.

Eigentlich ist es für eine Einkehr noch zu früh. Allerdings locken die beiden Hütten mit allerlei leckeren Südtiroler Gerichten.

✕ Kirchsteiger Alm, Piffinger Weg 41, 39010 Hafling, 📱 +39/320/331 12 86, 💻 www.kirchsteigeralm.com, ✉ z.unterholzner@gmail.com, 🚪 April bis November tgl.

♦ Meraner Hütte, Piffinger Weg 47, 39010 Hafling, ☎ +39/04 73/27 94 05, 💻 www.meranerhuette.it, info@meranerhuette.it, 🚪 Anfang Mai bis Allerheiligen tgl.

Von der Meraner Hütte folgen Sie dem Weg weiter in südliche Richtung. Er führt bergauf zu einem Gatter, durch das Sie hindurchgehen. Rechts von Ihnen befindet sich nun der Spieler. Leider gibt es keinen Weg hinauf. Gleichzeitig kommen Sie zu einer Wegteilung. Hier verlassen Sie den breiten Weg und gehen auf einem schmaleren Steig geradeaus weiter. Sie bleiben idealerweise noch ein Stück auf diesem Steig bis zu einer Wegteilung. Der Weg Nr. 15 biegt nach rechts ab.

Auf diesem steigen Sie später ins Tal. Es lohnt sich aber, noch den weglosen Abstecher auf den Spieler zu unternehmen. Hierfür gehen Sie nach rechts durchs Gatter und dann gleich wieder nach rechts. Entlang des Zaunes steigen Sie nun weglos hinauf zum großen Gipfelkreuz auf dem Spieler. Es kann sein, dass Sie am Anstiegsweg noch einmal auf einen Zaun stoßen. Über diesen steigen Sie dann hinweg. Oben am herrlichen Gipfel ❸ erwartet Sie ein großartiges Panorama. Das Wandergebiet von Meran 2000 liegt Ihnen zu Füßen. Die Felsgipfel des Ifingers sind dabei besonders beeindruckend. Aber auch der Blick auf das Meraner Talbecken ist sehr schön. Durch den letzten Wegabschnitt ist der Gipfel zudem sehr einsam, was sich wunderschön anfühlt.

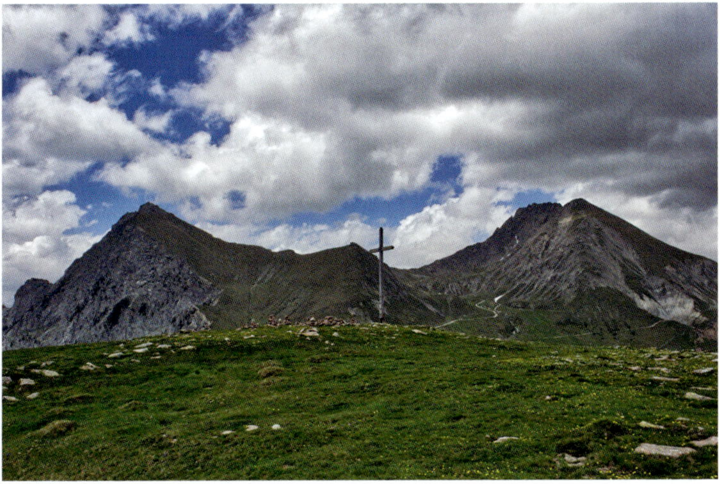

Am Gipfel des Spielers

Für den Abstieg gehen Sie zurück zum Weg Nr. 15 und folgen diesem durch den Wald hinunter zur ✕ Maiser Alm ❹, die im Sommer zu einer Einkehr einlädt.

✕ Maiser Alm, 39010 Hafling, 📱 +39/338/172 91 12, 🚪 im Sommer einfach bewirtschaftet

Von der Alm spazieren Sie auf der Schotterstraße (Wegweiser: „Falzeben") bis zur schön gelegenen ✕ Moschwaldalm ❺. Die sonnige Terrasse lädt zu einer Einkehr ein. Hier können Sie ebenfalls leckere Südtiroler Spezialitäten genießen.

Moschwaldalm, Locherweg 32, 39010 Hafling, +39/339/634 25 87, moschwald@live.de, im Sommer einfach bewirtschaftet

Gleich nach der Alm biegen Sie nach rechts auf einen Weg ab. Dieser führt steil hinunter zu einem Bach, den Sie überqueren. Eine Schotterstraße bringt Sie hinauf nach Falzeben, zur Talstation der Gondelbahn.

☺ Aussichtsplattform am Kreuzjoch

Vom Kreuzjöchl kann man noch einen Abstecher auf das Kreuzjoch machen. Dort oben befindet sich eine Aussichtsplattform. Sie bietet einen 360-Grad-Rundumblick von den Dolomiten über die Ortlergruppe bis zur Texelgruppe, sodass sich der Abstecher auf alle Fälle lohnt. In der Nähe der Moschwaldalm nehmen Sie den Weg mit der Nr. 15. Auf diesem Weg wandern Sie gemütlich auf das zwischen dem Sarntal und dem Etschtal eingeschnittene Kreuzjöchl. Hier genießen Sie schon einen herrlichen Blick. Bald schon zweigt der Europäische Fernwanderweg E5 zum gut sichtbaren Wetterkreuz auf dem Kreuzjoch ab. Durch herrliche Bergweiden spazieren Sie hinüber zur Aussichtsplattform. Und das Panorama ist wirklich wunderbar. Die Stoarnene Mandln, der Große Mittager, aber auch der Iffinger grüßen herüber. Zurück geht es über das Kreuzjöchl und dem E5 zur Meraner Hütte. (zusätzlich 4,1 km, 99 Hm, 1 Std. 15 Min.)

☺ Waldbaden in Hafling

Die japanische Achtsamkeitspraxis Shinrin-Yoku hat positive Effekte auf die Gesundheit wie Blutdrucksenkung, einen tieferen Ruhepuls oder Stärkung des Immunsystems. Die Wälder um Hafling eignen sich perfekt für diese einzigartige Erfahrung. Monika Laner bietet in Hafling dieses Walderlebnis.

www.anguanaforest.com

Waldbaden – Die Kraft der Natur nutzen von Ulrike Katrin Peters, Conrad Stein Verlag, ISBN: 978-3-86686-681-2, € 8,90

23 Die Vöraner Alm

Tour für Waldliebhaberinnen und Waldliebhaber

Die Vöraner Alm ist eine beliebte Einkehrmöglichkeit hoch über dem Plateau von Hafling und Vöran. Die Wanderung führt durch viel Wald, ideal zum Energietanken. Oben erwarten Sie eine gemütliche Einkehrmöglichkeit sowie weite Almwiesen, auf denen im Sommer viele Kühe grasen.

- Start/Ziel: Parkplatz unterhalb der Kirche von Hafling, GPS N 46°38.402' E 011°13.311'
- 13,9 km
- 4 Std. 45 Min.
- 602 m/602 m
- 1.275-1.875 m
- Rot-weiß markierte Steige mit guter Ausschilderung: Der Markierung 16 und ab dem Hotel Avelina 16B folgen Sie ab Hafling bis zum Weg Nr. 2. Auf diesem gehen Sie zur Vöraner Alm. Auf dem Weg 11A gehen Sie abwärts zu einer Wegteilung und dann auf Weg 11 zur Leadner Alm. Weg Nr. 16 bringt Sie zurück nach Hafling.
- gute, nicht schwierige Wanderwege und Forststraßen durch den Wald
- Einkehrmöglichkeiten an der Wurzeralm (km 4), der Vöraner Alm (km 5,7) und der Leadner Alm km (9,5)
- Sitzmöglichkeiten gibt es vor allem an den Almhütten.
- Der Weg ist erst für Kinder ab 12 Jahren geeignet, da er doch relativ lang ist. Mancher Forstweg kann auf einem Steig abgekürzt werden, oben warten viele Kühe auf den Wiesen.
- Der Weg kann gut mit Hunden begangen werden. Auf den Almweiden sollten Sie Ihren Hund unbedingt anleinen.
- P Parkplatz unterhalb der Kirche von Hafling
- von Meran mit dem Bus Linie 225 nach Hafling (halbstündlich bzw. stündlich)

Am P Parkplatz in Hafling überqueren Sie die Straße und folgen der nach rechts hinaufziehenden Straße (Weg Nr. 16). Sie gehen an ein paar Wohnungen vorbei und gehen an der nächsten Straßenkreuzung noch ein Stück geradeaus bis zum Hotel Avelina. Hier beginnt ein Steig, der Sie nach links hinauf zu einer Straße bringt, die Sie überqueren. Auf einem Steig wandern Sie aufwärts bis zu einer Schotterstraße. Auf dieser gehen Sie nach rechts und treffen wenig später wieder auf eine breitere Schotterstraße.

Sie gehen auf dieser kurz bergauf, bis der Steig (Weg Nr. 2) nach links abzweigt. Dem schönen Wanderweg folgen Sie nun immer aufwärts. Dabei überqueren bzw. streifen Sie die Schotterstraße noch ein paar Mal. Besonders schön ist ein kleines Seelein, an dem Sie unterwegs vorbeikommen.

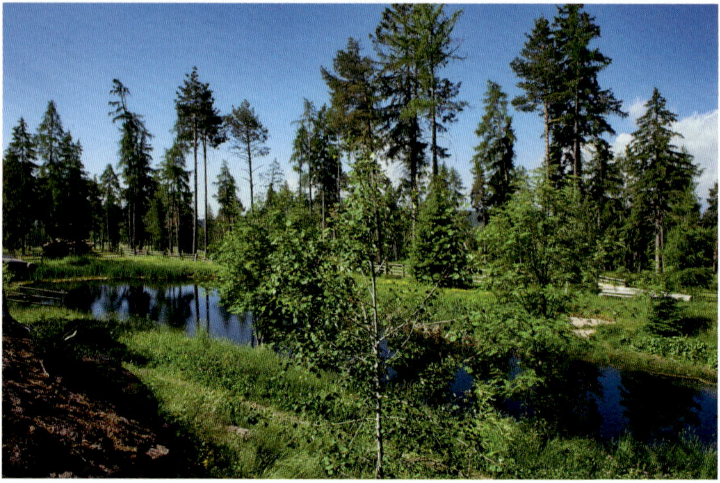

Idyllischer Weiher beim Anstieg zur Wurzer Alm

Unterhalb der Wurzeralm passieren Sie ein paar Hütten und gelangen schließlich hinauf zu den Almwiesen der gemütlichen ✕ Wurzeralm ❶, die zur Einkehr einlädt. Falls der Weiterweg zur Vöraner Alm zu weit ist, kann man sich auch mit dieser Almhütte zufriedengeben. Sie liegt wunderbar am Waldrand und ist ein schönes Ausflugsziel.

✕ Wurzeralm, Wurzerweg, 39010 Hafling, +39/338/500 57 84,
www.wurzeralm.com, markus@wurzeralm.com,
14.02.-06.11. tgl. 10:00-18:00

Nach der Pause an der Wurzeralm gehen Sie auf dem Weg Nr. 2 in Richtung Vöraner Alm. Der Weg führt kurz am Waldrand entlang und taucht dann in den Wald ein. An einer Wegteilung spazieren Sie geradeaus und wandern weiter durch den Wald aufwärts zu einer Straße, die Sie überqueren. Sie kommen nun auf die Almwiesen, welche die ✕ Vöraner Alm ❷ umgeben. Auf den Wiesen weiden die

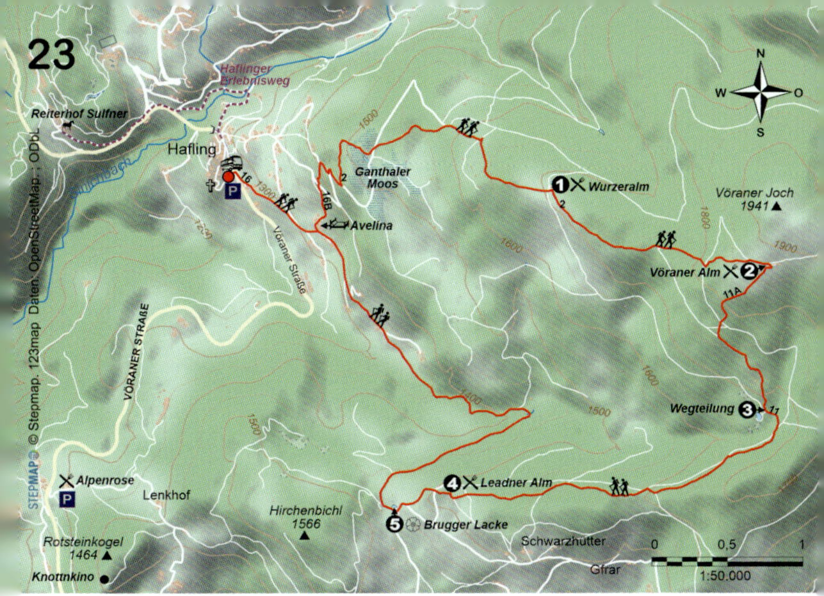

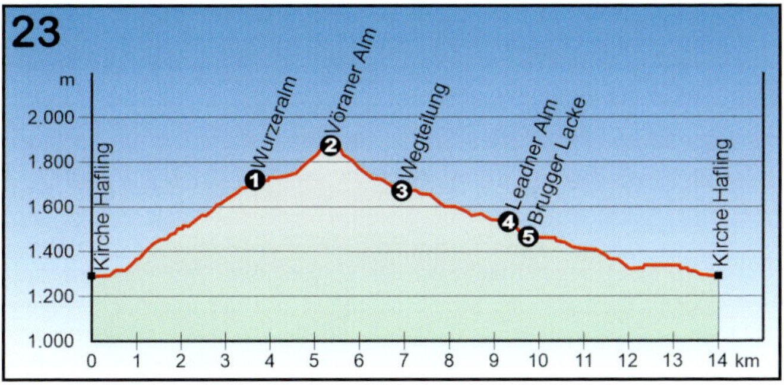

Kühe der Alm. Sie gehen hinauf zur schön gelegenen Almhütte und genießen leckere Südtiroler Spezialitäten. Besonders bekannt ist die Alm für ihren Hammelbraten. Die Alm zählt zu den schönsten Almhütten Südtirols. Dazu trägt vor allem die großartige Aussicht bei.

Vöraner Alm, 39010 Vöran, +39/360/32 04 69, verri.unterkofler@gmail.com, Ende Mai bis Anfang November tgl.

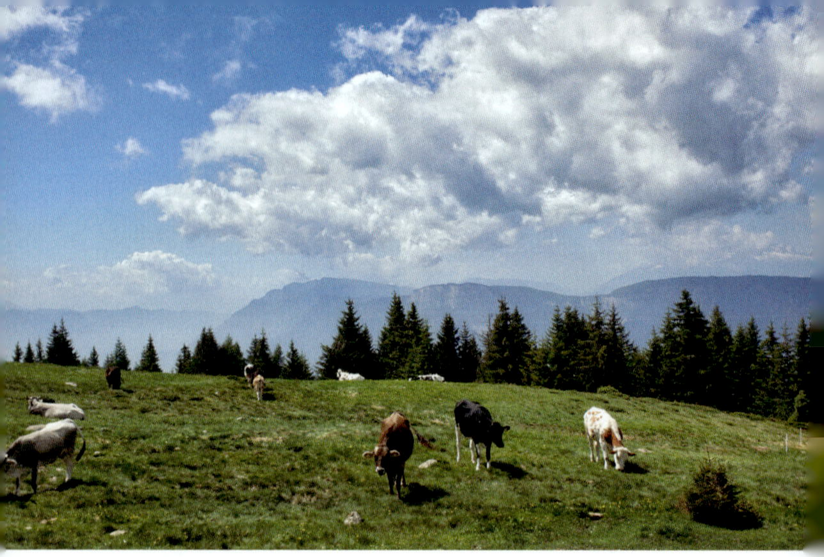

Kühe an der Vöraner Alm

Auf manchen Karten ist oberhalb der Alm ein Steig in nördlicher Richtung zum Vöraner Joch eingezeichnet. Diesen Steig gibt es allerdings nicht. Trotzdem können Sie über die Almwiesen weglos hinaufwandern. Das Joch ist allerdings nicht wirklich ausgeprägt, trotzdem können Sie sich dort an einem schönen Platz ins Gras setzen, Ihre Rucksack-Brotzeit genießen und die umliegenden Berge bewundern. Vor allem der Blick durch die Bäume zum Ifingermassiv ist interessant.

Der Rückweg beginnt dann bei der Vöraner Alm. Sie nehmen nun den Weg 11A bergab, der bald eine Straße überquert. An der folgenden Wegteilung im Wald gehen Sie nach links und gelangen zu einer weiteren Straße. Dieser folgen Sie ein Stück nach links. An der nächsten Wegteilung ❸ treffen Sie auf den Weg Nr. 11, der parallel zur Schotterstraße weiterführt. Sie lassen sich nun immer von den Wegmarkierungen leiten und erreichen schließlich die ✕ Leadner Alm ❹. Die gemütliche Almhütte ist zum Ende der Wanderung noch einmal eine willkommene Einkehrmöglichkeit. Vor allem die hausgemachten Knödel sind eine empfehlenswerte Spezialität.

✕ Leadner Alm, Leadner-Alm-Weg 12, 39010 Vöran, ☏ +39/04 73/27 81 36, www.leadner-alm.com, info@leadner-alm.com, im Sommer tgl.

Von der Alm spazieren Sie hinunter zur nahen Schotterstraße, die Sie überqueren. Sie wandern hinunter zur Brugger Lacke ❺, einem schönen Naturbiotop. Hier nehmen Sie den nach rechts abzweigenden Forstweg Nr. 16. Dieser führt in den Wald hinein und bringt Sie ohne viel Höhenverlust bis an den Ortsrand von Hafling. Sie wandern immer geradeaus weiter, bis Sie schließlich zurück zum Parkplatz kommen.

☺ Knottnkino

Auf dem Rotensteinkogel zwischen Hafling und Vöran befindet sich das Knottnkino. Auf dem Felsgipfel, der eine grandiose Aussicht bietet, befinden sich 30 Kinostühle aus Stahl und Kastanienholz. Hier können sich Wanderinnen und Wanderer hinsetzen und das Panorama genießen. Der Zustieg vom Parkplatz beim Gasthof Alpenrose (GPS N 47°33.489' E 010°12.363') ist sehr kurz (insgesamt 3,1 km, 156 Hm, 1 Std. 15 Min.). Sie können sich aber auch mehr Zeit lassen und die ausgeschilderte Wanderung von Vöran über den Beimstein und den Timpfler Knott begehen (11,9 km, 430 Hm, 3 Std. 45 Min.). „Knottn" ist Südtiroler Dialekt und bedeutet „Fels". Die weinroten Kuppen entstanden vor Millionen von Jahren, als der Tschögglberg von Lava und Ascheregen geformt wurde. Sie sind einmalig in Südtirol.

✕ Gasthof Alpenrose, Vöranerstraße 1, 39010 Vöran, ☏ +39/04 73/27 80 60, 💻 www.gasthofalpenrose.com, ✉ info@gasthofalpenrose.com, 🚪 Mo-Do, Sa, So 11:00-23:00, Fr Ruhetag, mittags warme Küche bis 14:30

☺ Haflinger Erlebnisweg

Ursprung des Haflinger Pferdes ist das Südtiroler Dorf Hafling. Die Pferde dienten den Haflinger Bäuerinnen und Bauern als Last- und Saumtiere. Auf dem Haflinger Plateau verläuft der Haflinger Pferdeweg, eine spannende Erlebniswanderung für die gesamte Familie. Der abwechslungsreiche Themenweg ist kinderwagentauglich und er ist der blonden Pferderasse gewidmet (2,2 km, 52 Hm, 45 Min. einfache Wegstrecke). Auf spielerische Art und Weise wird den Kindern die Entwicklung des Pferdes vom Arbeitstier zum Freizeitpferd gezeigt.

Eine Stallbesichtigung im Reitstall Sulfner darf dann natürlich nicht fehlen, weil Sie und Ihre Kinder ganz nah an die Haflinger herankommen. Anmeldung erforderlich bis Montag 12:00 im Reitstall Sulfner.

♦ Reitstall Sulfner, St. Kathreinstraße 4, 39010 Hafling/St. Kathrein, 📱 +39/366/651 44 49, 💻 www.hotel-sulfner.com, ✉ reitstall@sulfner.com, 🚪 17:30 bis ca. 18:00 (Besichtigungen), Eintritt € 5

24 Zu den Stoanernen Mandln

Tour für Mystikerinnen und Mystiker

Mehrere Hundert Steinmänner stehen auf den Stoanernen Mandln. Nach einer Sage haben Hexen hier oben den Teufel angebetet. Dieser mystische Ort ist gleichzeitig eine schöne Wanderung auf einen großartigen Aussichtsgipfel.

- Start/Ziel: Parkplatz Schermoos bei Mölten, GPS N 46°32.265' E 011°16.586'
- 15,2 km
- 5 Std.
- 565 m/565 m
- 1.437-2.001 m
- Rot-weiß markierte Steige mit guter Ausschilderung: Weg Nr. 1,4 führt zum Fahrer Weiher. Danach gehen Sie auf Weg Nr. 4 weiter, bis Sie auf den Weg E5 treffen. Dieser leitet Sie über das Möltner Joch bis zum Weg Nr. 15. Ab dem Möltner Kaser folgen Sie Weg Nr. 23A zum Gipfel. Der Abstieg erfolgt auf Weg Nr. 11 ins Auener Joch und auf Weg Nr. 4 zurück zum Kaser. Auf Weg Nr. 28 gehen Sie zur Jenesier Jöchl Alm und am Weg Nr. 5 zurück zum Parkplatz.
- gute, nicht schwierige Wanderwege und Forststraßen durch den Wald
- Einkehrmöglichkeiten am Möltner Kaser (km 4,5 und 9) und an der Jenesier Jöchl Alm (km 10,5)
- Sitzmöglichkeiten gibt es vor allem an den Almhütten und am Gipfel (km 5,9) zwischen den Steinmännern
- Der Weg ist erst für Kinder ab 12 Jahren geeignet, da er doch relativ lang ist. Auf den Wiesen in Gipfelnähe weiden Kühe und Pferde.
- Der Weg kann gut mit Hunden begangen werden. Auf den Almweiden sollten Sie Ihren Hund unbedingt anleinen.

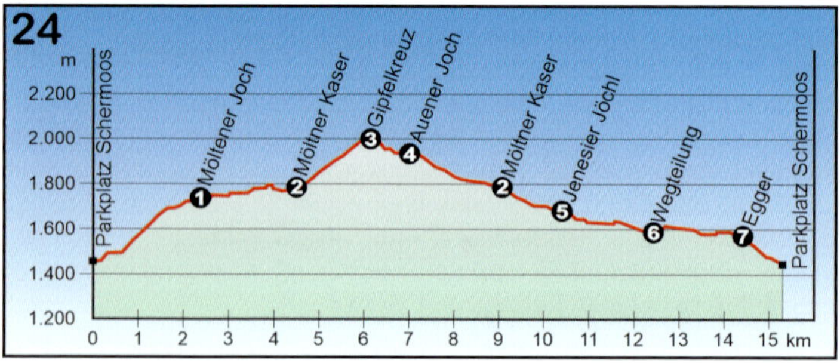

P Parkplatz Schermoos bei Mölten

Bus von Meran mit dem Bus Linie 201 (alle halbe Stunde) nach Terlan und weiter mit der Linie 204 (stündlich) nach Mölten

Vom **P** Parkplatz Schermoos bei Mölten wandern Sie auf dem Weg Nr. 1,4 zum nahen Fahrer Weiher. Kurz danach biegen Sie auf dem Weg Nr. 4 nach rechts ab. Über Wiesen und durch lichten Wald spazieren Sie in nördlicher Richtung weiter, bis Sie auf eine Straße treffen.

Von hier gehen Sie auf dem Weg mit der Markierung E5 hinauf zum Möltner Joch ❶.

Auf den Wiesen um das Joch blühen im Frühjahr gerne viele Krokusse. Ein schöner Platz für eine erste kurze Pause. Auch die Aussicht zu den umliegenden Bergen ist sehr schön.

Anschließend wandern Sie in nördliche Richtung weiter. Von links mündet die Straße von der Sattlerhütte ein. Auf dieser Straße wandern Sie weiter bis zur Almhütte ✕ Möltner Kaser ❷.

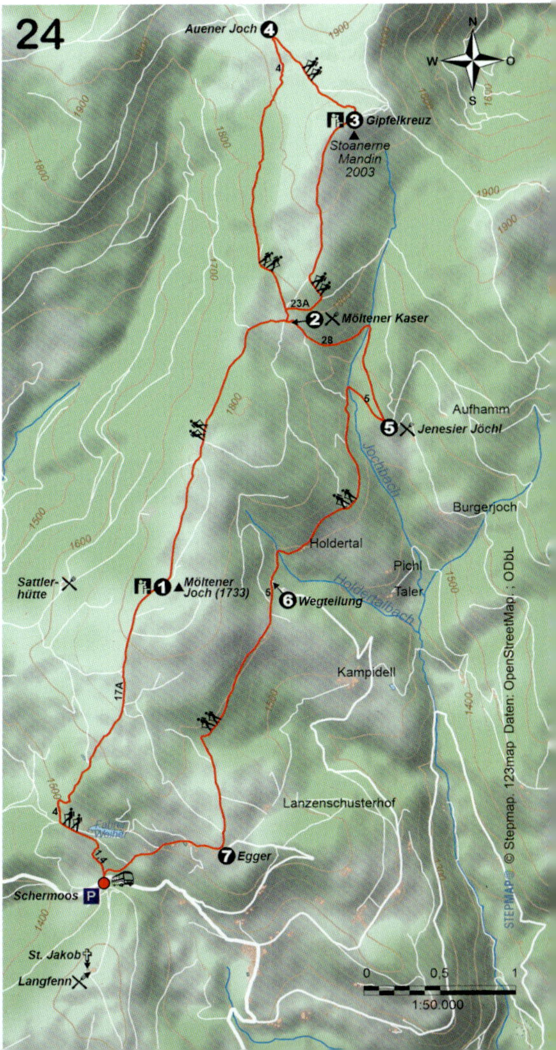

Die gemütliche Alm liegt auf einer Lichtung und lädt zur Einkehr ein. Vorher lohnt sich aber noch die Besteigung der Stoanernen Mandln. Sie kommen am Rückweg noch einmal an der Alm vorbei.

Möltner Kaser, Jochweg, 39010 Mölten, +39/349/124 37 20,
www.moeltner-kaser.com, info@moeltner-kaser.com,
Ende April bis Anfang November tgl.

Für die Gipfelbesteigung folgen Sie dem Weg Nr. 23A in den Wald. Bald schon zweigt nach links ein Steig ab. Dieser führt hinauf zu dem freien Südrücken. Hier sollten Sie sich einmal umdrehen und das Panorama genießen. Sie gehen hinauf zum Gipfelkreuz ❸, das umgeben ist von den vielen Steinmännchen. Sie setzen sich an einer gemütlichen Stelle ins Gras und genießen die wunderbare Aussicht auf die umliegenden Berggipfel. Niemand weiß so genau, wie diese Steinmännchen hier oben entstanden sind. Es sind unglaublich viele. Es handelt sich wohl um einen alten mystischen Kraftplatz. Wie schon erwähnt, sollen hier oben Hexen den Teufel angebetet haben. Was auch immer dahintersteckt, es ist ein fantastischer Ort, der zum Träumen einlädt.

Blick zum Villanderer Berg

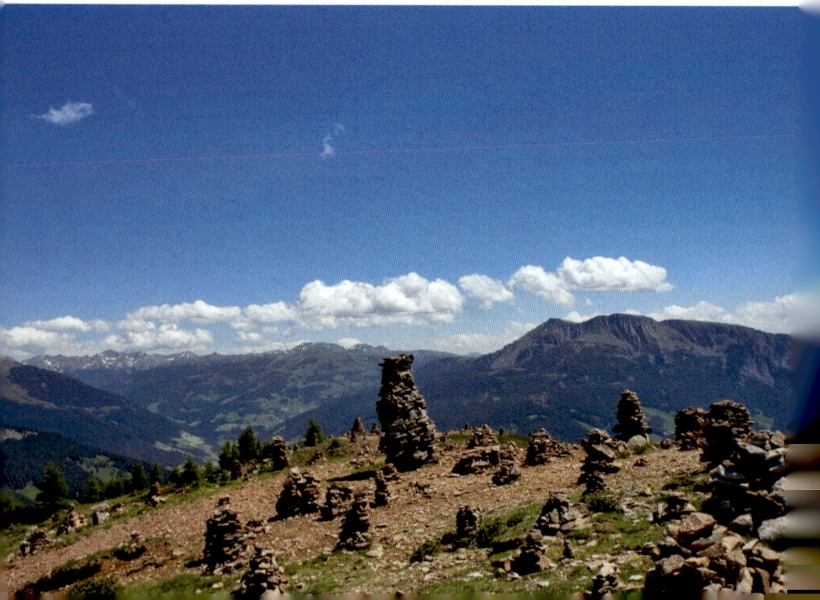

Nach der Gipfelpause zwischen den Stoanernen Mandln steigen Sie in nordwestliche Richtung auf gutem Steig bergab. Dieser Weg bringt Sie hinunter ins Auener Joch ❹. Von hier wandern Sie wieder zurück in Richtung Möltner Kaser. Dafür folgen Sie dem Weg Nr. 4 nach Süden in den Wald hinein. Sie gehen nun unterhalb des Gipfels bis zum ✕ Möltner Kaser, in dem Sie sich eine Einkehr verdient haben.

Nach der Pause wandern Sie auf dem Weg Nr. 28 in den Wald hinein. Bald schon kommen Sie zu einem Bachgraben und weiter zur ✕ Jenesier-Jöchl Alm ❺, in der Sie ebenfalls einkehren können.

✕ Jenesier-Jöchl Alm, Kampideller Weg 22, 39050 Jenesien, +39/338/921 32 69, im Sommer einfach bewirtschaftet

Die Alm liegt auf einem wunderschönen Hochplateau und bietet eine herrliche Aussicht. Von der Alm folgen Sie der Straße (Markierung Nr. 5) zuerst in nordwestliche, dann südliche Richtung. An einer Wegteilung ❻, wo es links nach Kampidell geht, gehen Sie mit der Markierung Nr. 5 geradeaus bis nach Egger ❼. Hier biegen Sie nach rechts ab und gelangen auf einer Straße zum Parkplatz Schermoos.

☺ Wandern am Salten

Südlich vom Parkplatz Schermoos befindet sich der Salten, ein wahres Naturparadies, das vor allem für seine Lärchenwiesen bekannt ist. Es ist das höchste Lärchenhochplateau Europas. Wer möchte, kann eine schöne Rundwanderung über die Wiesen unternehmen. Dort befindet sich auch das Gasthaus Langfenn mit der Kirche St. Jakob. Die schlichte Kirche liegt auf einem der höchsten Punkte auf dem Salten und ist damit ein beliebtes Ausflugsziel. Aber auch eine Einkehr im Gasthaus Langfenn ist ein tolles kulinarisches Erlebnis. (4,5 km, 163 Hm., 1 Std. 30 Min.)

✕ Gasthaus Langfenn, Langfennweg 1, 39010 Mölten, ☏ +39/04 71/66 82 18, langfenn.it, info@langfenn.it, Di-So 9:00-18:00, warme Küche 11:30-15:30, Mo Ruhetag

25 Rundwanderung an der Taser Alm

Tour für Waldliebhaberinnen und Waldliebhaber

Die Taser Alm ist ein beliebtes Wandergebiet oberhalb von Schenna. Es ist mit einer Gondelbahn erschlossen und dementsprechend leicht erreichbar. Die gemütliche Runde führt viel durch schattigen Wald, bietet aber immer wieder schöne Ausblicke und nette Einkehrmöglichkeiten.

Start/Ziel: Bergstation Gondelbahn an der Taser Alm, GPS N 46°42.192' E 011°13.213'

8,7 km

3 Std. 30 Min.

487 m/487 m

1.439-1.896 m

rot-weiß markierte Steige mit guter Ausschilderung: Weg Nr. 18A zur Ifinger Hütte, 24A zu Wegteilung beim Abstecher zur Lauwandspitze, Weg 24 bis zum Abzweig des Taser Höhenweges, Weg 40 zurück zur Bergstation

gute, nicht schwierige Wanderwege, die vor allem im Wald verlaufen

Einkehrmöglichkeiten an der Ifingerhütte (km 2,2), Eggerhof (km 6), Greitererhof (km 8,1) und der Taser Alm (km 8,7)

Sitzmöglichkeiten gibt es vor allem an den Einkehrmöglichkeiten.

Der Weg kann mit Kindern ab 10 Jahren begangen werden. Allerdings finden sich unterwegs kaum spannende Sachen.

Der Weg kann gut mit Hunden begangen werden.

Parkplatz Talstation an der Taser Alm

von Meran mit dem Bus Linie 231 (halbstündlich) nach Schenna und weiter mit dem Gästebus zur Talstation der Gondelbahn

Mit der Gondelbahn schweben Sie hinauf zur Bergstation an der Taser Alm.

Gondelbahn Taser Alm, Naifweg 37, 39012 Meran, +39/04 73/94 56 15, taser-seilbahn.com, info@taseralm.com, 02.04.-06.11. 8:30-12:00 und 13:00-18:00, Berg- und Talfahrt € 11,80 für Erwachsene, € 7,50 für Kinder ab 6 Jahren

Sie folgen dem Weg Nr. 18A in Richtung Ifingerhütte. Zuerst verläuft der Weg noch über freies Gelände und Sie genießen einen großartigen Ausblick auf die Texelgruppe auf der gegenüberliegenden Talseite. Dann taucht der Weg in den

Wald ein und bringt Sie hinauf zu einer Schotterstraße. Dieser folgen Sie bis zu ihrem Ende. Nun beginnt der steile Aufstieg in mehreren Kehren zur Ifingerhütte. Steil und anstrengend mühen Sie sich den Steig hinauf. Die ✕ Ifingerhütte ❶ liegt idyllisch auf einer Lichtung unter den Felsen des Ifingermassives. Die vielen Tische und Bänke laden zu einer Einkehr ein. Zumindest ein erstes Getränk sollten Sie sich hier oben gönnen.

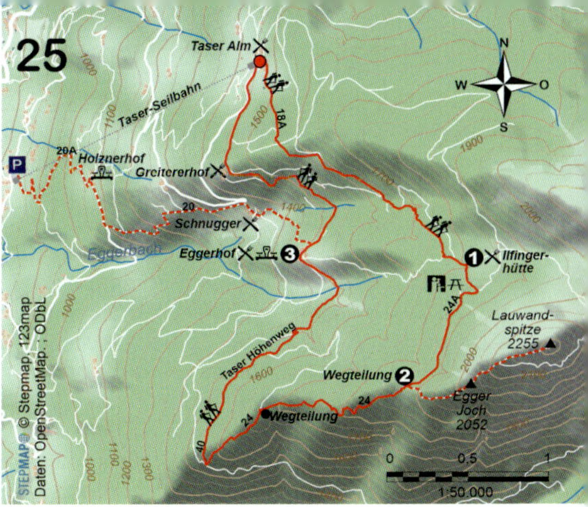

✕ Ifingerhütte, Schennaberg, 39017 Schenna, ☏ +39/334/796 07 81, Anfang Mai bis Ende Oktober tgl.

Nach der verdienten Pause an der Hütte wandern Sie weiter auf dem Weg Nr. 24A. Dieser führt durch den Wald weiter. Zwischendurch erreichen Sie eine kleine ⛩ Bank, von der Sie einen beeindruckenden Tiefblick auf die Hütte bekommen. Auf dem Weg gehen Sie hinüber zu einem Rücken, den Sie auf einer Lichtung erreichen. Hier befindet sich auch eine Wegteilung ❷.

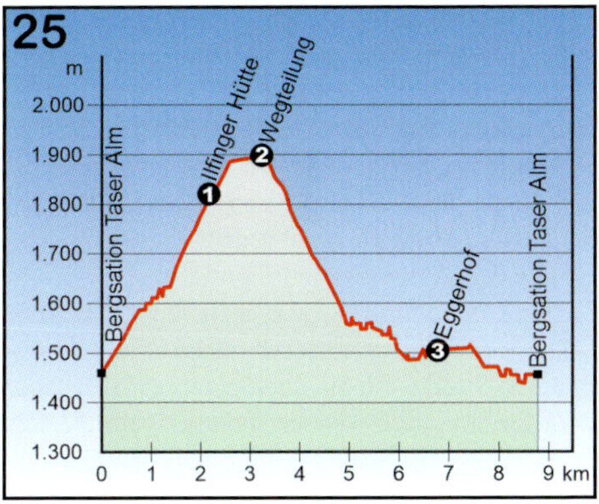

↬ Abstecher zur Lauwandspitze

Wenn Sie die Tour um einen Gipfel erweitern möchten, dann können Sie von der Wegteilung links zur Lauwandspitze aufsteigen. Der Anstieg dauert etwas mehr als eine Stunde. Sie gehen kurz in den Wald, bleiben aber die ganze Zeit auf dem Westrücken, der bis zum Gipfel hochzieht. Die Bäume werden lichter und Sie erreichen den Gipfel. Neben dem großartigen Rundumblick begeistern vor allem die Felsen des Großen Ifingers, dem Sie hier ganz nah gerückt sind. (km 2,4, 363 Hm, 1 Std. 15 Min.)

Von der Wegteilung ohne Abstecher zur Lauwandspitze wandern Sie auf dem Weg Nr. 24 abwärts. Dieser führt an ein paar verfallenen Almhütten vorbei und taucht wieder in den Wald ein. In vielen Kehren gehen Sie bergab bis zu einer Wegteilung. Hier nehmen Sie den linken Weg (Nr. 24) und folgen diesem entlang des Rückens bergab bis zum Taser Höhenweg. Auf diesem Höhenweg (Markierung Nr. 40) werden Sie nun zurück zur Bergstation an der Taser Alm wandern. Sie folgen dem Weg in nördlicher Richtung bis zu einer Schotterstraße. Dieser folgen Sie kurz bis zu einer Linkskurve. Unterhalb von dieser Kurve zweigt nach rechts ein Steig ab. Dieser taucht zuerst in den Wald ein. Im Wald verlassen Sie den Weg und gehen entlang eines Zaunes hinauf zum gemütlichen ✕ Eggerhof ❸. Der Berggasthof mit seinen leckeren Mehlspeisen lädt zur Einkehr ein. Auch kann man hier hofeigene Produkte wie Milch, Fleisch, Eier, Gemüse und Speck kaufen.

✕ Eggerhof, Schennaberg 45, 39017 Schenna, ☏ +39/04 73/94 55 55,
www.eggerhof-walzl.com, Familie.walzl@eggerhof-walzl.com,
10.04.-10.11. tgl. 10:00-18:00

Abstieg ins Tal

Sie können die Wanderung noch weiter ausdehnen und zu Fuß zur Talstation absteigen. Dann sollten Sie den Abstecher auf die Lauwandspitze aber auslassen, da die Tour sonst zu lange wird.

Für den Abstieg gehen Sie wie beschrieben bis zum Eggerhof. Dann folgen Sie kurz der Schotterstraße in Richtung Taser Alm. Gleich danach zweigt nach links ein Steig ab. Auf diesem steigen Sie steil durch den Wald abwärts zu einer weiteren Straße, die Sie überqueren. Noch bleiben Sie kurz im Wald, dann wandern Sie über freie Wiesen hinunter zum ✕ Gasthaus Schnugger. Beliebt sind hier vor allem Brennessel-, Pilz- und Käsknödel.

✕ Schnuggerhof, Schennaberg 28, 39017 Schennaberg, ☏ +39/04 73/94 58 59,
www.merano-suedtirol.it/de ➔ Urlaubsplanung ➔ Restaurants ➔ „Schnugger" suchen, Christine.kofler82@gmail.com

Für den weiteren Abstieg gehen Sie rechts am Gasthaus vorbei, folgen einem breiten Weg in ein Tälchen und wandern weiter auf einer aussichtsreichen Schotterstraße bergab. Bald zweigt ein Weg nach links ab (Markierung Nr. 20). Dieser bringt Sie zu einer kleinen Kapelle. Sie steigen weiter steil bergab. Sie gehen auf diesem Steig bis zu einer breiten Straße. Auf dieser gehen Sie nach Norden bis zum Holznerhof. Hier kann man hofeigene Produkte beziehen.

Holznerhof der Familie Kienzl, Bergerweg 20, 39017 Schenna,
☏ +39/04 73/94 59 48, www.holznerhof.schenna.com,
info@holznerhof.com, 10.04.-28.11. 10:00-18:00

Am Hof zweigt der weitere Abstieg zur Talstation ab (Markierung 20A). Sie wandern auf diesem über die freien Almwiesen bis zum Wald. Durch den Wald gehen Sie steil bergab bis zur letzten freien Wiese oberhalb der Talstation. Über diese spazieren Sie hinunter zum nahen **P** Parkplatz bei der Gondelbahn.

Wählen Sie nicht den kompletten Abstieg, dann wandern Sie vom Eggerhof kurz auf der Straße in nördliche Richtung, bis nach rechts ein Steig abzweigt. Dieser

Blick in Richtung Meraner Becken

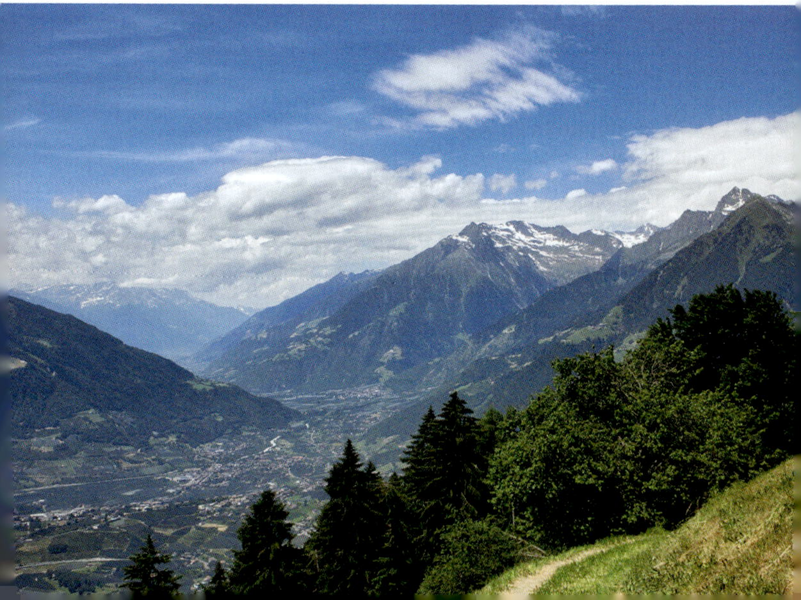

führt durch den Wald bis zum ✗ Greitererhof, der nächsten Einkehrmöglichkeit. Von der Sonnenterrasse genießen Sie einen einzigartigen Panoramablick.

✗ Greitererhof, Schennaberg 11, 39017 Schenna, ☎ +39/04 73/94 59 76, www.greitererhof.it, info@greitererhof.it, 03.04.-06.11. tgl. 10:00-20:00

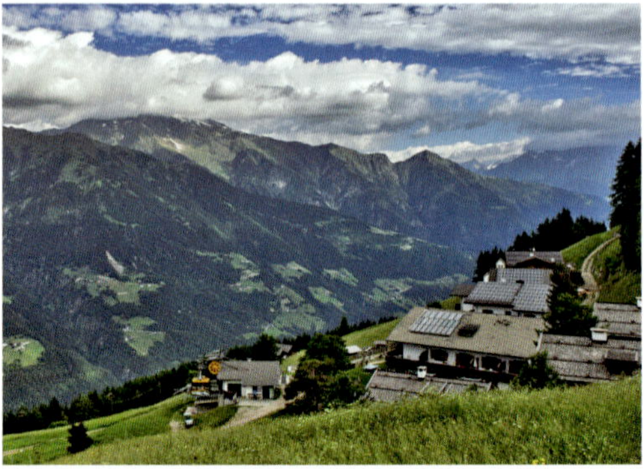
Die Taser Alm

Hier am Berggasthof beginnt eine Schotterstraße, die Sie nach Norden bis zur ✗ Taser Alm an der Bergstation der Gondelbahn bringt. Auch hier können Sie noch einkehren. Auf den Tisch des Almgasthofes kommen Produkte vom eigenen Hof, wie Salat und Gemüse aus dem eigenen Garten.

✗ Taser Alm, Schennaberg 25, 39017 Schenna, ☎ +39/04 73/94 56 15, www.taseralm.com, info@taseralm.com, 02.04.-06.11. Sa-Do 11:30-17:00

☺ Kinderhotel Taser Alm

Für einen richtigen Bergurlaub mit Kindern bietet sich ein Aufenthalt auf der Taser Alm an. Im Haus gibt es Spielzimmer und den KidsClub mit Kinderbetreuung. Auf dem Gelände der Alm befindet sich ein Outdoor-Spieleparadies mit 1.000 Quadratmetern. Wald und Wiesen, Bauernhof und Bergzoo, Bogenschießstand, Rutschen, Minifuhrpark, Trampoline, Sandkisten, Seilbahn, Aussichtsturm, der kleine Bergsee mit Floß – hier gibt es jede Menge zu entdecken. Weitere Informationen finden Sie auf der Homepage der Alm.

Mit der Seilbahn fahren Sie bequem von der Bergstation zurück zur Talstation.

Lana und das Ultental

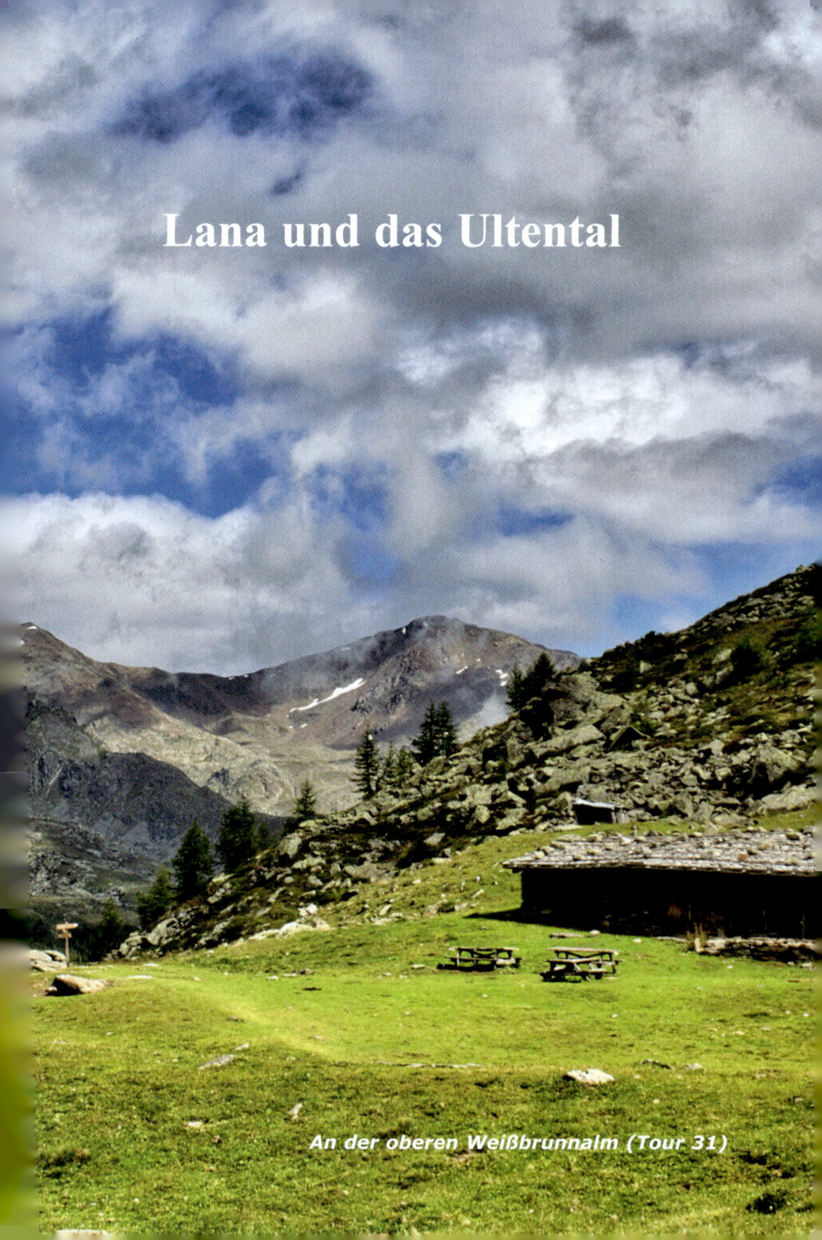

An der oberen Weißbrunnalm (Tour 31)

㉖ Rundwanderung am Vigiljoch

Tour für Liebhaberinnen und Liebhaber von Höhenwanderungen

Das Vigiljoch ist mit zwei Seilbahnen gut erschlossen. Von Lana bringt Sie eine Seilbahn bis in die Gipfelregion. Hier gibt es viele Wandermöglichkeiten. Besonders schön ist die hier vorgeschlagene gemütliche Höhenwanderung über das Kirchlein am Vigiljoch und die Schwarze Lacke. Dabei genießen Sie wunderbare Panoramablicke auf die Umgebung.

Start/Ziel: Bergstation Seilbahn Vigiljoch, GPS N 46°37.402' E 011°07.018'

9,7 km

3 Std.

299 m/299 m

1.492-1.791 m

Rot-weiß markierte Steige mit guter Ausschilderung: Weg Nr. 34 bis zu einer Wegteiling, Nr. 13 bringt Sie zur Schotterstraße und Nr. 34B zur Bärenbadalm. Auf Weg Nr. 2 gehen Sie zum Kirchlein und weiter am Weg Nr. 9 zur Seespitz. Weg Nr. 7 führt zurück bis unter den Sessellift und von dort hinunter zur Bergstation.

gute, nicht schwierige Wanderwege und Forststraßen, nur eine kurze Steigung

Einkehrmöglichkeiten an der Bärenbadalm (km 3,1), Gampl Alm (km 4,2) und dem Gasthaus Seespitz (km 5,5)

Sitzmöglichkeiten gibt es vor allem an den Einkehrmöglichkeiten sowie am Kirchlein St. Vigil (km 4,4).

Der Weg ist für Kinder ab 8 Jahren geeignet. An der Gampl Alm gibt es einen kleinen Kinderzoo mit Schafen, Ziegen, Hühnern, Kälbern, Ponys, Gänsen und Enten.

Der Weg kann gut mit Hunden begangen werden.

Parkplatz Talstation an der Seilbahn zum Vigiljoch in Lana

Von Meran mit dem Bus Linie 211 (alle 15 Minuten) nach Lana. Der Busbahnhof befindet sich in der Nähe der Seilbahn.

Mit der Seilbahn schweben Sie gemütlich hinauf zur Bergstation am Vigiljoch.

Seilbahn Vigiljoch, Villenerweg 3, 39011 Lana, ☏ +39/04 73/56 13 33, www.vigiljoch.com, info@vigiljoch.com, 01.06.-30.09. 8:00-19:00, im Mai und Oktober 8:30-13:00 und 14:00-18:00, Berg- und Talfahrt € 14,50 für Erwachsene, € 6 für Kinder ab 8 Jahren

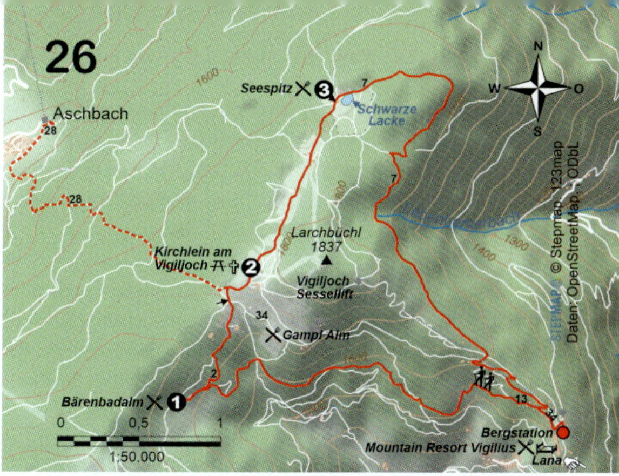

Dort wandern Sie vorbei am Hotel Mountain Resort Vigilius auf dem breiten Wanderweg Nr. 34 bergauf bis zu einer Wegteilung. Hier zweigt der Weg Nr. 13 nach links ab. Sie wandern nun durch den schönen Wald, der eine angenehme Ruhe ausstrahlt. Einen Abzweig nach rechts ignorieren Sie und gehen stattdessen geradeaus weiter. Der Weg bringt Sie zu einer Schotterstraße. Nun lichtet sich der Wald und Sie bekommen immer wieder schöne Ausblicke. Sehr beeindruckend ist der Blick hinüber zur Laugenspitze, die sich über dem Taleingang des Ultentales erhebt. Der Schotterstraße folgen Sie bis kurz unter die ✕ Bärenbadalm ❶. Hier können Sie die Straße ein Stück abkürzen, bis Sie direkt vor der Almhütte stehen. Die Bärenbadalm ist die erste Einkehrmöglichkeit auf dieser Wanderung.

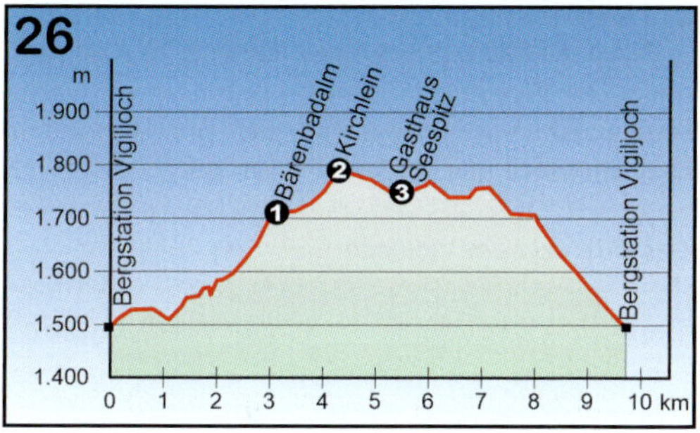

✕ Bärenbadalm, Vigiljoch 87, 39011 Lana, +39/338/991 82 24, www.baerenbadalm.com, info@baerenbadalm.com, Anfang Mai bis Ende Oktober Fr-Mi, Do Ruhetag (außer Juli/August)

Von der Alm wandern Sie weiter auf dem breiten Weg Nr. 2 hinauf zum Vigiljoch.

Von der Wegkreuzung sind es nur ein paar Meter nach rechts zur ✕ Gampl Alm. Der Berggasthof lädt ebenfalls zur Einkehr ein und ist gleichzeitig ein kleines Paradies für Kinder. Hier oben gibt es ein Tiergehege mit Schafen, Ziegen, Hühnern, Kälbern, Ponys, Gänsen und Enten sowie einen großen Spielplatz.

Gampl Alm, Pawigl 15, 39011 Lana, ☏ +39/04 73/56 20 14,
www.familyparadies.com, gampl@familyparadies.com,
08.04.-06.11. tgl. 9:00-20:00

Auch sehr nah ist das Kirchlein am Vigiljoch ❷. Die Kirche ist vor mehreren Hundert Jahren an der Stelle eines alten heidnischen Kultplatzes erbaut worden. Heute gilt sie als Wetterkirche, welche die Menschen vor Unwettern beschützen soll. Noch heute wird hier jährlich der traditionelle Kirchtag in Form einer Bergmesse an der Kirche gefeiert.

Im Umfeld der Kirche gibt es einige Bänke, auf denen man wunderschön rasten und die Aussicht genießen kann. Besonders dominant von hier die Naturnser Hochwart.

Nach der Pause gehen Sie in nördöstliche Richtung über einfaches Wandergelände. Der Weg bringt Sie an ein paar alten Hütten vorbei bis zum Gasthaus Seespitz ❸ an der Schwarzen Lacke. Auch hier können Sie auf der großen Terrasse einkehren und die Sonne genießen.

Das Kirchlein am Vigiljoch

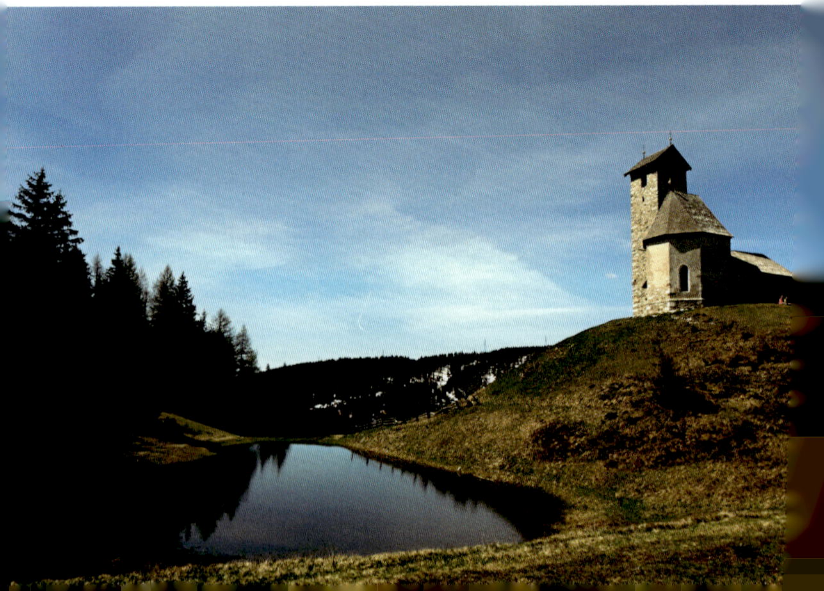

Gasthaus Seespitz, Jochweg 13, 39020 Marling, ☎ +39/04 73/56 29 55, Di-So tagsüber, Mo Ruhetag

Die Schwarze Lacke ist ein Naturbiotop, in dem Fische, Frösche und viele weitere wertvolle Tierarten leben.

Von hier tauchen Sie in den Wald ein und folgen dem Weg Nr. 7. Dieser führt durch den Wald zu einer Lichtung mit einer Bank. Von der Bank genießen Sie eine wunderbare Aussicht. Der nächste Abschnitt ist dann ein richtiger Panoramaweg. Sie wandern sehr aussichtsreich auf einer Art Plateau zu einer Wegeinmündung. Hier nehmen Sie den nach links abzweigenden Weg Nr. 7 und folgen diesem bis unter den Sessellift, der im Sommer nicht fährt. Unter diesem Lift spazieren Sie auf einem breiten Weg bis zur Bergstation der Seilbahn.

☺ Von Aschbach

Das Vigiljoch kann auch aus dem Vinschgau erreicht werden. Eine Seilbahn führt von Rabland nach Aschbach.

Seilbahn Aschbach, Saringstraße 36, 39020 Rabland, ☎ +39/04 73/96 71 98, seilbahnaschbach.it, info@seilbahnaschbach.it, 8:00-12:00 und 13:00-19:00, in den Wintermonaten bis 18:30, Berg- und Talfahrt € 12,5 für Erwachsene, € 4 für Kinder ab 6 Jahren

Von hier sind es knapp 400 Höhenmeter bis zum Vigiljoch. Auf dem Weg mit der Markung Nr. 28 wandern Sie hinauf. Sie treffen unweit des Kirchleins auf den hier vorgestellten Weg. Sie können dann weiter zur Schwarzen Lacke wandern und auf einem guten Wanderweg wieder zurück nach Aschbach hinuntergehen. (2,7 km, 426 Hm, 1 Std. 15 Min. bis zum Kirchlein)

☺ Apfelort Lana mit dem Südtrioler Obstbaumuseum

Dass in Südtirol eine Menge Äpfel produziert werden, ist einem ja eigentlich bewusst. Wussten Sie, dass 10 % der EU-weiten Apfelproduktion in Südtirol erfolgt? Und 1 % davon wächst eben in Lana. Lana ist damit die größte und auch älteste Obstbaugemeinde des Landes. Das Südtiroler Obstbaumuseum wurde im mittelalterlichen Ansitz Larchgut auf ca. 1.000 Quadratmetern errichtet.

⌘ Südtiroler Obstbaummuseum, Brandiswaalweg 4, 39011 Lana, ☎ +39/04 73/56 43 87, www.obstbaumuseum.it, info@obstbaumuseum.it, April bis Mitte November So-Fr 10:00-17:30, Sa Ruhetag, Führungen Mo 16:00, Mi 11:30, Familienführung Do 10:00, Anmeldung mind. 3 Std. vor der Führung notwendig, Eintritt: freiwillige Spende

27 Gipfeltour In der Stange

Tour für Liebhaberinnen und Liebhaber von einsamen Gipfeln

Der Gipfel mit dem seltsamen Namen In der Stange erhielt lange Zeit nur im Winter Besuch, da es keinen markierten Weg hinauf gab. Inzwischen ist der Gipfelanstieg von der Spitzner Alm markiert und bietet somit eine schöne Kombination aus Almen- und Gipfeltour. Oben erwartet Sie eine großartige Fernsicht und eine gemütliche Liege.

- Start/Ziel: Parkplatz an der Staumauer von St. Walburg, GPS N 46°32.316' E 010°59.252'
- 14,5 km
- 6 Std.
- 975 m/975 m
- 1.137-2.105 m
- Rot-weiß markierte Wege mit guter Ausschilderung: Weg Nr. 22 bringt Sie zur Spitzner Alm, am Weg Nr. 23 geht es dann bis zu einem Abzweig (Gipfelanstieg). Weg Nr. 21A verbindet die Spitzner Alm mit der Holzschlagalm. Von dort gehen Sie auf Weg Nr. 21 bergab.
- Gute, nicht schwierige Wanderwege und Forststraßen. Der Gipfelanstieg ist gut markiert, der Steig aber nicht immer gut ausgeprägt.
- Einkehrmöglichkeit an der Spitzner Alm (km 4,3 und 9,4)
- Sitzmöglichkeiten gibt es an der Alm und am Gipfel (km 6,8)
- Der Weg ist für Kinder ab 10 Jahren geeignet. Im Umfeld der Alm kann man spielen, der Gipfel lockt als Ziel.
- Der Weg kann gut mit Hunden begangen werden. Auf den Almwiesen sollten Sie Ihren Hund bitte anleinen.
- P Parkplatz an der Staumauer des Zoggler Stausees
- von Meran mit dem Bus Linie 245 (halbstündlich) ins Ultental nach St. Walburg

Vom P Parkplatz an der Staumauer des Zoggler Stausees gehen Sie zuerst über die Staumauer und biegen an deren Ende nach links ab. Sie gelangen auf die Schotterstraße in Richtung Spitzner Alm. Die Straße führt um einen Rücken herum und durchquert einen kleinen Graben. An der Stelle, wo von links der Weg Nr. 22 einmündet, befinden Sie sich kurz vor einer Kurve. Hier können Sie die Straße auf dem Steig mit der Markierung Nr. 22 abkürzen. Sie kürzen nun mehrmals die Straße ab, folgen ihr dann ein Stück und wechseln dann wieder auf den Steig, der die Straße dreimal abkürzt. Sie erreichen die freien Almwiesen der

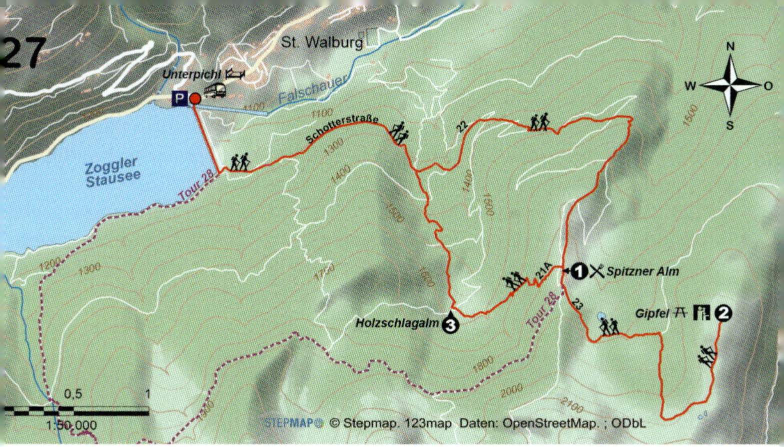

Spitzner Alm ❶ und gehen hinauf zum eingezäunten Almgelände. Im Umfeld der Alm weiden Kühe. Hier können Sie eine erste Rast einlegen und die herrliche Aussicht auf das Ultental und die umliegenden Berge genießen.

✕ Spitzner Alm, 39016 St. Walburg, ☎ +39/345/478 98 58,
Mitte Juni bis Mitte September tgl.

Nach der Pause an der Alm gehen Sie zur Wegteilung südlich von ihr. Hier nehmen Sie die Schotterstraße, die nach links (Weg Nr. 23) abzweigt. Sie folgen dieser Schotterstraße ein Stück, bis nach rechts der Gipfelanstieg (Wegweiser: „In der Stange“) abzweigt. Der Weg führt zu einem kleinen Tälchen und hinauf auf

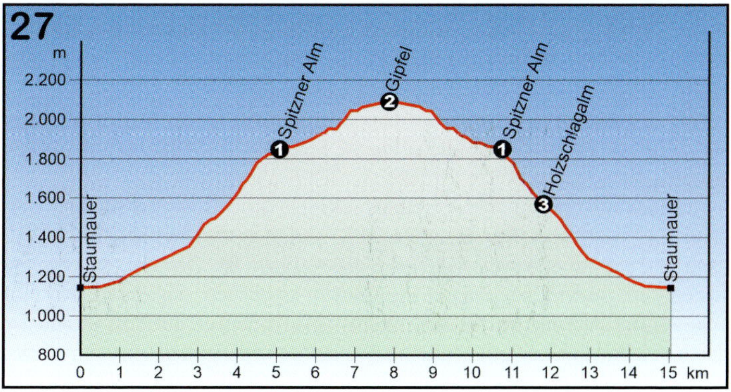

einen freien Rücken. Oberhalb erhebt sich der Spitzner Kornigl, auf der gegenüberliegenden Talseite erblicken Sie die Laugenspitze. Sie wandern nun über den freien Kamm immer den Markierungen folgend auf eine Erhebung. Nun blicken Sie hinunter zum Gipfel. Hier ist der Steig etwas undeutlich, das macht aber nichts, denn das Gelände ist übersichtlich. Sie erreichen den Aussichtspunkt, an dem sich eine gemütliche Bank befindet. Der Gipfel ❷ bietet einen großartigen Rundumblick auf das Ultental. Im Hintergrund erblicken Sie sogar die Berge des Ifingermassivs. Ein wirklich schöner Platz, an dem man stundenlang sitzen könnte.

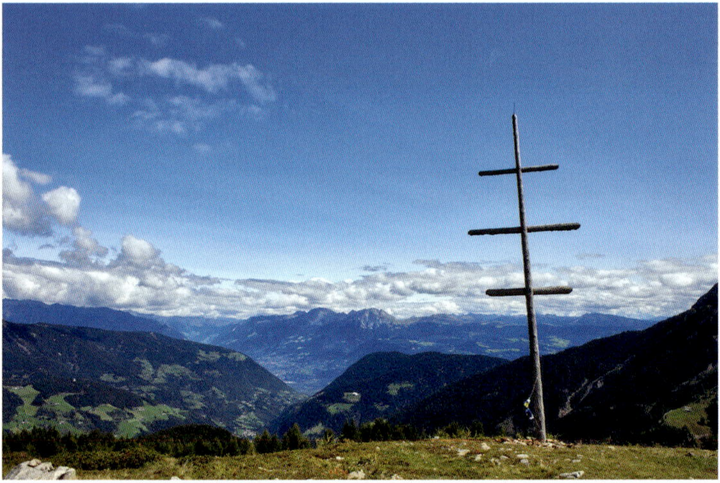

Toller Ausblick vom Gipfel

Für den Rückweg gehen Sie auf dem Steig hinunter bis zur Schotterstraße und auf dieser wie beim Aufstieg weiter zur Spitzner Alm. Jetzt nach dem Gipfelanstieg gönnen Sie sich eine verdiente Einkehrpause.

Für den weiteren Abstieg folgen Sie noch ein Stück dem Anstiegsweg, gehen dann aber nach links. Der Steig Nr. 21A führt steil im Wald bergab und quert dann hinüber zur unbewirtschafteten Holzschlagalm ❸. Der Platz hat irgendwie seinen Reiz, sodass Sie sicher einen Moment innehalten, um den Ort zu genießen. An der Alm biegen Sie nach rechts ab und steigen auf dem steilen Steig durch den Wald ab zu der Schotterstraße, die Sie vom Anstieg kennen. Auf dieser spazieren Sie zurück zur Staumauer des Zoggler Stausees und zum Parkplatz.

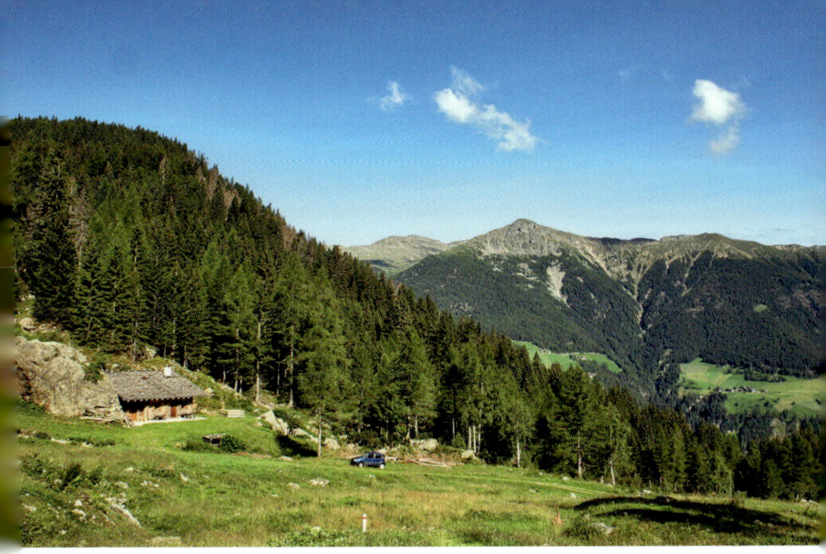

An der Holzschlagalm

Hotel Unterpichl

Wir haben in diesem Buch bisher keine Unterkunftstipps genannt. Aber das Hotel Unterpichl im Ultental liegt ideal für die beiden Wanderungen bei St. Walburg. Sie können zu Fuß in wenigen Minuten zum Stausee gehen und loswandern. Schöne Zimmer, eine gemütliche Sauna, ein hervorragendes Frühstück und ein leckeres Essen mit großer Weinauswahl runden das ausgezeichnete Angebot ab. Wir finden, dass dieses Hotel ein wirklich empfehlenswerter Wanderstützpunkt im Ultental ist.

♦ Unterpichl, St. Walburg Unterpichl 293B, 39016 Ulten, ☏ +39/04 73/79 54 79, www.unterpichl.it, info@unterpichl.it

Älteste Kirche des Tales

Oberhalb von St. Walburg liegt die gotische Hügelkirche St. Moritz. Sie ist wohl die älteste Kirche des Tales und liegt in einer Gruppe typischer Ultner Holzhäuser.

☺ Schafmarkt

Bei St. Walburg findet jedes Jahr im Herbst der Kuppelwieser Schafmarkt statt. Zu dieser Zeit gibt es in vielen Gasthäusern des Tales leckere Lammgerichte. Dies ist Teil der Lammwochen, die im September und Oktober im Ultental stattfinden. Während dieser Zeit gibt es viele Veranstaltungen um das Thema Schaf. Auch können Sie Produkte vom Ultner Schaf kaufen.

28 Almenrunde über dem Zoggler See

Tour für Liebhaberinnen und Liebhaber einsamer Wanderungen

Auf der Südflanke des Ultentales oberhalb des Zoggler Stausees befinden sich drei Almen, die auf einem einsamen Weg miteinander verbunden sind. Normalerweise sind zwei Almen bewirtschaftet, bei unserer Recherche im Coronajahr 2021 war allerdings nur die Spitzner Alm bewirtschaftet.

Start/Ziel: Parkplatz an der Staumauer von St. Walburg, GPS N 46°32.316' E 010°59.252'

13,9 km

5 Std. 30 Min.

875 m/875 m

1.137-1.950 m

Rot-weiß markierte Wege mit guter Ausschilderung. Auf Weg Nr. 20 gehen Sie zur Seegrubenalm, Nr. 23 bringt Sie zur Spitzner Alm und Nr. 22 wieder zurück zum Ausgangspunkt.

gute Steige, die teilweise aber durch steiles Gelände führen und Trittsicherheit erfordern

Einkehrmöglichkeit an der Seegrubenalm (km 4,3) und an der Spitzner Alm (km 8,7)

Sitzmöglichkeiten gibt es an den beiden Almen sowie der geschlossenen Pfandlalm (km 6,5).

Der Weg kann erst mit Kindern ab 12 Jahren begangen werden. Das liegt an den steileren Abschnitten im Verbindungsweg zwischen den Almen. An der Spitzner Alm kann man schön im Umfeld spielen, zudem weiden Kühe auf den Wiesen.

Der Weg kann mit Hunden begangen werden, die aber eher größer sein sollten. Auf den Almwiesen sollten Sie Hunde bitte anleinen.

P Parkplatz an der Staumauer des Zoggler Stausees

von Meran mit dem Bus Linie 245 (halbstündlich) ins Ultental nach St. Walburg

Vom P Parkplatz an der Staumauer des Zoggler Stausees gehen Sie über die Staumauer und biegen an deren Ende nach rechts ab. Sie folgen nun dem breiten Seeweg oberhalb des Sees, bis nach links der Weg Nr. 20 ❶ abzweigt.

Auf diesem steigen Sie steil und anstrengend im Wald bergauf bis zu einer Schotterstraße, die Sie überqueren. Der Steig bleibt weiterhin im Wald und ist durchgehend steil. Am Ende des Waldes erreichen Sie eine steile Wiese. Über diese gehen Sie hinauf zur Seegrubenalm ❷. Die einsame Alm ist im Sommer normalerweise einfach bewirtschaftet. Auf alle Fälle können Sie auf den Bänken vor der Alm eine kurze Pause nach dem steilen Anstieg einlegen.

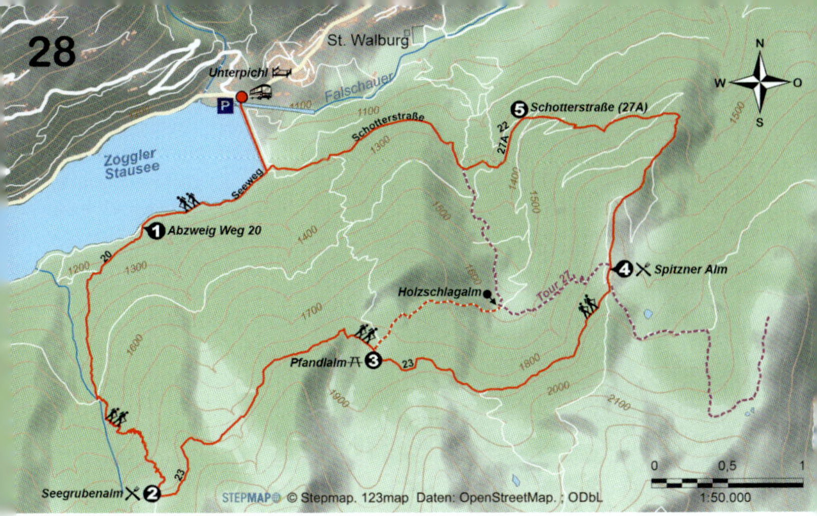

✗ Seegrubenalm, 39016 St. Walburg, ☏ +39/04 73/79 53 86, Mitte Juni bis Mitte September einfach bewirtschaftet

An der Alm biegen Sie nach links ab und wandern auf dem Steig Nr. 23 in Richtung Spitzner Alm. Der Weg taucht wieder in den Wald ein, führt um einen Rücken herum und erreicht eine schottrige Karmulde. Der schmale Steig taucht wieder in den Wald ein und bringt Sie oberhalb von steilen Hängen zu einem

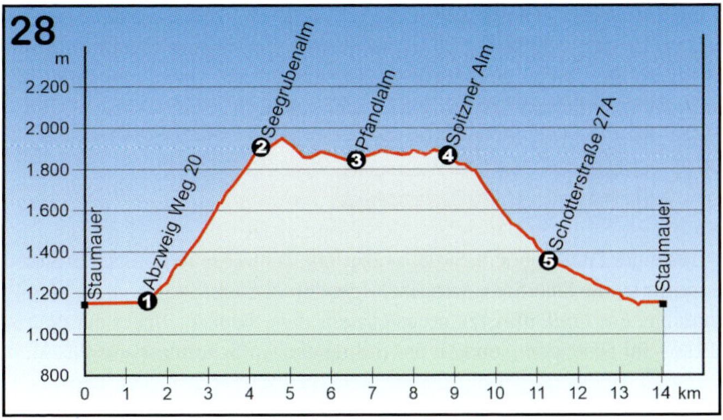

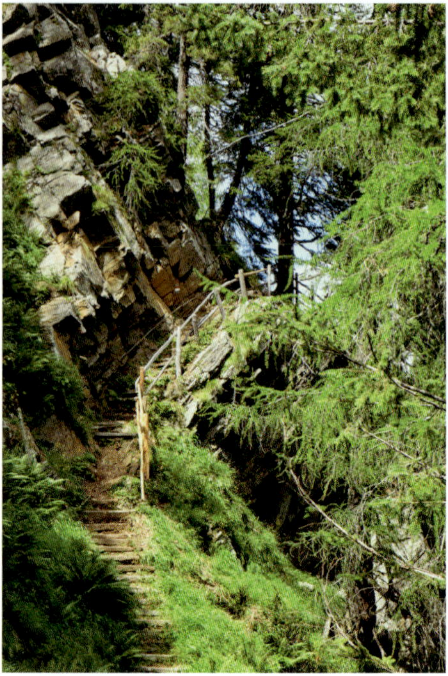

Versicherter Abschnitt am Weg zwischen Pfandlalm und Spitzner Alm

Rücken. Danach wird das Gelände flacher und Sie kommen zur kleinen Almwiese um die Pfandlalm ❸. Hier laden ein paar Bänke zum Verweilen ein.

Von der Alm gibt es zwei Möglichkeiten zur Spitzner Alm zu kommen: entweder auf dem Weg Nr. 21A über die Holzschlagalm oder weiter über den Weg Nr. 23. Wir empfehlen, auf dem Weg Nr. 23 zu bleiben. Der Weg taucht wieder in den Wald ein und ist zuerst noch relativ flach bis zu einem Rücken. Hier geht es steil dann unterhalb von Felsen bergab, bis der Weg verflacht. Er bringt Sie zu einer Schotterstraße, über die Sie bis zur Spitzner Alm ❹ wandern. Diese Alm ist im Sommer auf alle Fälle bewirtschaftet. Sie liegt auf einer wunderschönen freien Almwiese und bietet eine herrliche Aussicht auf die Umgebung. Hier haben Sie sich nach der langen Runde eine Einkehr verdient.

Spitzner Alm, 39016 St. Walburg, +39/345/478 98 58,
Mitte Juni bis Mitte September tgl.

Von der Alm wandern Sie über die freie Almwiese in nördlicher Richtung zur Almstraße, die Sie überqueren. Im folgenden Abstieg kürzen Sie die Straße mehrmals ab. Am Ende müssen Sie aufpassen, dass Sie nicht weiter auf dem Weg Nr. 22 ins Tal absteigen, sondern auf der deutlichen Schotterstraße (Markierung Nr. 27A) ❺ in Richtung Zoggler See weitergehen. Sie erreichen den Stausee und gehen über die Staumauer zum Parkplatz.

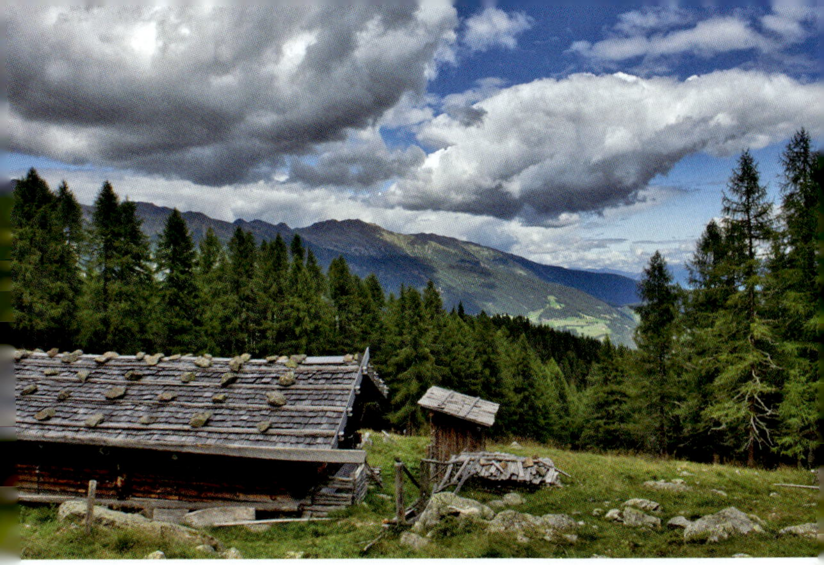

An der Pfandlalm

☺ Rundwanderung um den Zoggler Stausee

Eine schöne, gemütliche Rundwanderung führt um den Zoggeler Stausee. Sie parken an der Staumauer, gehen über den Damm und folgen dem Seeweg Nr. 19 am südlichen Ufer. Am Weg befinden sich eine restaurierte Mühle und Skulpturen. Am Ende des Sees gehen Sie über die Brücke und nach Kuppelwies. Sie folgen kurz der Straße und wandern dann auf dem Seeweg Nr. 4 weiter. Dieser verläuft ungefähr 100 Höhenmeter über dem See durch den Wald. Am Ende des Weges spazieren Sie hinunter zum Parkplatz an der Staumauer. Für die gesamte Runde benötigen Sie 2,5 Stunden (10,8 km, 197 Hm).

☺ Kneippweg am Zoggler Stausee

An der Südseite des Zoggler Stausees wurde ein Weg angelegt, der an heißen Tagen wundervoll erholsam ist. Schattig und flach spazieren Sie an 6 Stationen zum Thema Kneipp vorbei. Ein Wasserbecken lädt zu einer Erfrischung ein – einfach mit nackten Füßen hindurchlaufen. Aber auch ⩸ Bänke und Liegen kommen nicht zu kurz. Der Weg ist 3,3 km lang und dauert ungefähr 50 Minuten, länger wenn Sie ein echtes Kneipp-Erlebnis daraus machen. Sie können entweder von der Kuppelwies starten und auf die Südseite des Sees wechseln und talauswärts spazieren. Oder Sie starten in St. Walburg.

29 Auf das Hasenöhrl

Tour für Liebhaberinnen und Liebhaber eindrucksvoller Bergtouren

Das Hasenöhrl ist ein sehr bekannter und mächtiger Gipfel in der Bergkette nördlich des Ultentals. Durch die Straße zur Kuppelwieser Alm kann die Tour gut als Tagestour unternommen werden. Allerdings ist zu berücksichtigen, dass der letzte Abschnitt über seilversichertes Felsgelände verläuft und entsprechende Erfahrung erfordert.

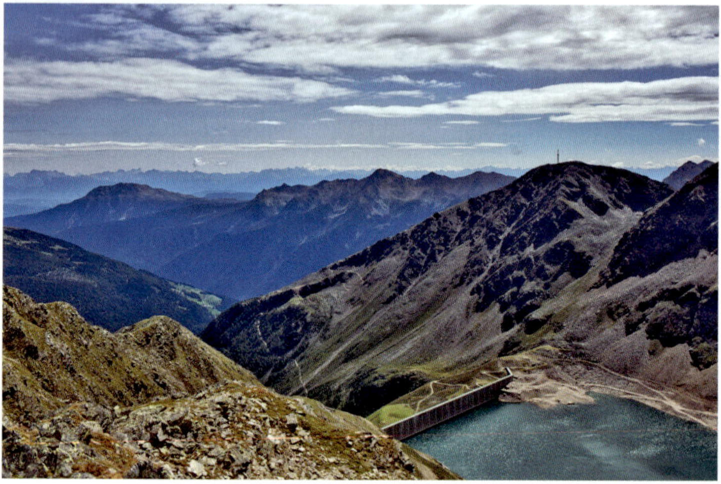

Tiefblick zum Arzkarsee

⇆ Start/Ziel: Parkplatz an der Kuppelwieser Alm, GPS N 46°33.107' E 010°54.083'

12 km

7 Std.

↑↓ 1.287 m/1.287 m

⇧ 1.970-3.256 m

Rot-weiß markierte Wege mit guter Ausschilderung. Weg Nr. 11A bringt Sie zum Latscher Joch. Auf dem Weg 2 steigen Sie zum Gipfel auf.

gute Steige, die unterhalb der Blauen Schneid erstmals felsiger werden, bis dahin noch gut begehen; danach Felsgelände, das mit Seilen versichert ist, aber Trittsicherheit erfordert

Einkehrmöglichkeit nur am Ausgangspunkt an der Kuppelwieser Alm

Sitzmöglichkeiten gibt es an der Alm, am Latscher Joch (km 6,5), auf der Blauen Schneid (km 8,4 – wenig Platz) und am Gipfel (km 9,5).

Der Weg ist für Kinder zu anspruchsvoll.

Die Tour sollte mit Hunden nicht begangen werden. Der letzte Abschnitt ist nicht geeignet.

Parkplatz an der Kuppelwieser Alm

Eine Anreise mit öffentlichen Verkehrsmitteln zum Parkplatz ist nicht möglich.

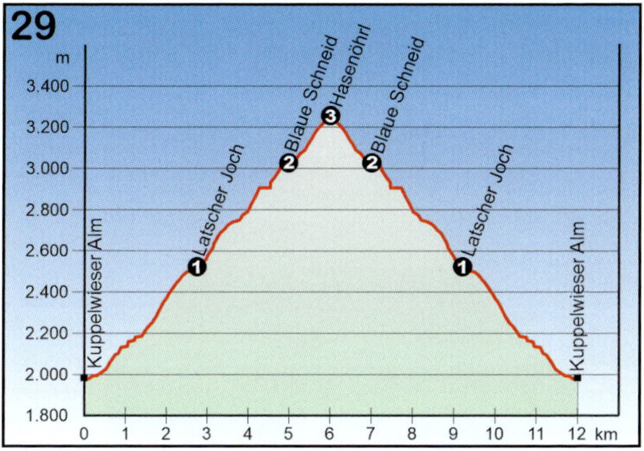

Vom P Parkplatz an der Kuppelwieser Alm wandern Sie auf der Straße mit der Markierung Nr. 11A in nördliche Richtung bergauf. Nach einem Bach biegen Sie auf einem Steig nach links ab und kürzen eine Kehre der Straße ab. Dort, wo Sie wieder auf die Straße treffen, folgen Sie nicht dem Steig Nr. 11 in nördliche Richtung, sondern gehen auf der Straße ein Stück nach links in Richtung Arzkarsee. An einer Linkskurve zweigt der

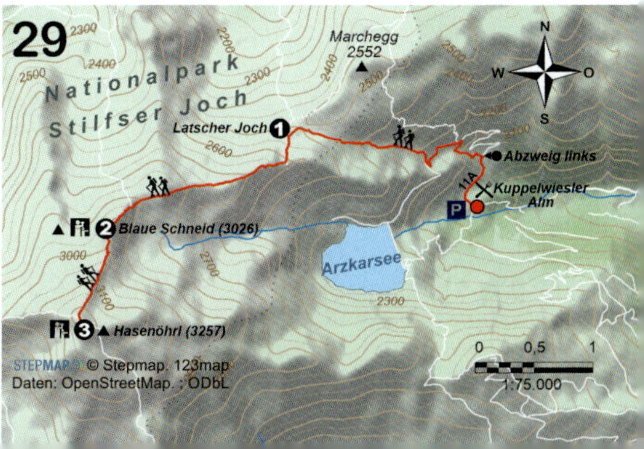

Steig Nr. 11A wieder nach rechts ab. Sie wandern nun entlang des Baches aufwärts bis zum Latscher Joch ❶. Hier oben können Sie sich neben den Weg setzen und ein paar Minuten verschnaufen. Wenn Sie nach Nordosten blicken, sehen Sie die Überreste des Tarscher Jochwaals, einer alten Waalanlage, die hier oben erbaut wurde, aber mittlerweile aufgegeben ist.

Nach der Pause im Joch wandern Sie in südliche Richtung auf einem Steig bergauf zu einem schmalen Rücken. Diesem folgen Sie nun in westliche Richtung bis unter die Blaue Schneid. Ein Steilaufschwung bringt Sie hinauf zur Blauen Schneid ❷, wo sich eine weitere Pause anbietet. Von hier oben haben Sie einen großartigen Blick auf den Ortler und die Königsspitze, die im Westen stehen.

Bis hier war der Weg verhältnismäßig einfach. Ab jetzt wird er deutlich schwieriger. Sie umgehen einen ersten Felsaufschwung auf der rechten Seite und erreichen eine kleine Einkerbung im Nordgrat des Hasenöhrls. Über die Felsblöcke turnen Sie hinauf zum großen Gipfelkreuz. Die schwierigsten Stellen sind mit Drahtseilen versichert, Trittsicherheit und Schwindelfreiheit ist für den Gipfelanstieg unbedingt erforderlich. Zudem sollten Sie beachten, dass Sie auf dem gleichen Weg auch wieder absteigen müssen.

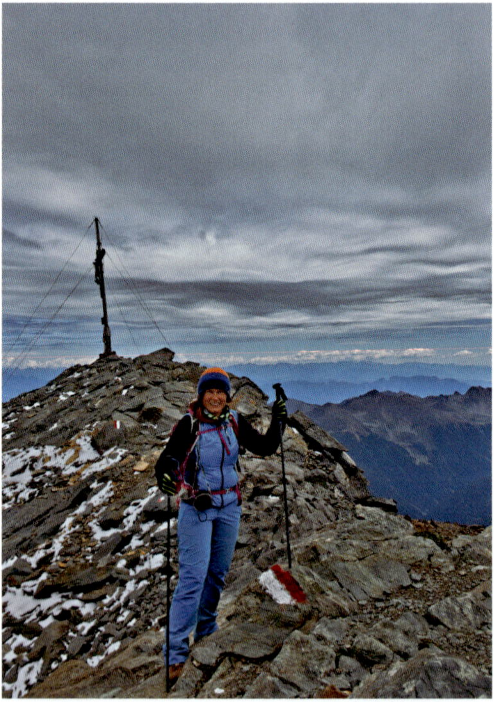

Am Hasenöhrl

Sind diese Voraussetzungen gegeben und gleichzeitig die Verhältnisse trocken und schneefrei, macht die Kraxelei viel Spaß. Das Hasenöhrl ❸ ist einer der markantesten Berge im Ultental und bietet eine entsprechend großartige Aussicht. Sie suchen sich unter dem großen Gipfelkreuz einen Platz und genießen Ihre Rucksack-Brotzeit.

Der Abstieg erfolgt am Anstiegsweg. Vorsichtig kraxeln Sie zurück zur Blauen Schneid und steigen weiter hinunter zum Latscher Joch. Unten an der ✕ Kuppelwieser Alm können Sie nach der Tour noch einkehren.

✕ Kuppelwieser Alm, 39016 St. Walburg, +39/340/338 55 43,
Mitte Juni bis Mitte Oktober

☺ Rundwanderung an der Schwemmalm

Wem der Weg zum mächtigen Gipfel des Hasenöhrls zu anspruchsvoll und lang ist, dem bietet sich an der Schwemmalm eine gemütliche Alternative an. Von der Bergstation der Seilbahn von Kuppelwies zur Schwemmalm wandern Sie auf dem Weg Nr. 6 in 1 Stunde 30 Minuten auf den Gipfel des Muteggs. Der Rückweg erfolgt am Anstiegsweg, alternativ können Sie auch über die Rosslahnerscharte und die Außerschwemmalm absteigen. (5,8 km, 515 Hm, 2 Std. 30 Min.)

⌘ Interessante Bauwerke im Ultental

Zwei ganz spezielle Bauwerke können Sie im Ultental besuchen: das kuriose Häusl am Stein bei St. Pankraz und das Dokumentationszentrum Culten bei St. Walburg. Zum Häusl am Stein geht die Geschichte so: Am Bach Falschauer standen bis zu einem Unwetter 1882 mehrere kleine Bauernhäuser. Das Hochwasser riss alle Häuser mit, nur das auf einem großen Stein errichtete Häusl trotze den Naturgewalten. Das Häusl ist bis heute bewohnt. Von St. Pankraz Sportzone spazieren Sie an der Falschauer entlang nach Süden. Dann biegen Sie nach rechts in den Ultner Talweg ein und schon haben Sie das Häusl am Stein erreicht.

Das Dokumentationszentrum Culten bietet drei Bereiche: Im Hauptbereich ist ein Brandopferaltar nachgebaut und der Lebensraum von Menschen aus der Stein-, Bronze- und Eisenzeit ausgestellt. Der zweite Bereich zeigt das Bauernhaus F'Hochhaus aus dem 15. Jahrhundert. Im Außenbereich schließlich können Sie typische Ultner Kulturpflanzen betrachten. Das Culten liegt am Kirchhügel in St. Walburg.

⌘ Culten, Fachhaus 33, 39016 St. Walburg, ☏ +39/04 73/42 89 00, info@culten.it,
Eintritt Erwachsene € 5, Kinder € 3, Führungen € 2 pro Person

30 Kleine Ultner Höferunde

Tour für Liebhaberinnen und Liebhaber von romantischen Talwanderungen

Im Ultental finden sich viele historische Bauernhöfe. Diese kleine Talwanderung führt von St. Gertraud nach Kuppelwies. Dabei kommen Sie an vielen alten Bauernhöfen vorbei. Gleichzeitig besuchen Sie die Ultner Urlärchen, riesige Lärchenbäume, die mehrere Hundert Jahre alt sind.

→ Start: Parkplatz in St. Gertraud am Ortsrand, GPS N 46°29.255' E 010°52.402'; Ziel: Bushaltestelle in Kuppelwies, GPS N 46°31.409' E 010°57.237'

8,9 km

2 Std. 45 Min.

↑↓ 103 m/352 m

1.144-1.435 m

rot-weiß markierte Wege mit guter Ausschilderung als Ultner Höfeweg

gute, einfache Wege und Straßen ohne besondere Schwierigkeiten

Einkehrmöglichkeit an den Ultner Urlärchen mit dem Hofschank und dem Restaurant Lärchengarten (km 1,4), in St. Nikolaus Gasthaus Mesner (km 5,1) und sea.wies Bar in Kuppelwies (km 8,9)

Sitzmöglichkeiten an den Urlärchen. Auch unterwegs tauchen immer wieder mal Sitzgelegenheiten auf Bänken auf.

Der Weg ist für Kinder ab 8 Jahren gut zu begehen, grundsätzlich ist der Weg aber nicht so spannend. Interessant sind die hohen Urlärchen zu Beginn der Wanderung.

Die Tour kann mit Hunden begangen werden. Im zweiten Abschnitt verläuft der Weg zwischen einzelnen Höfen, wo Hunde leben. Hier ist entsprechende Vorsicht geboten und ein Anleinen empfohlen.

P Parkplatz in St. Gertraud an der Straße

Mit dem Bus Linie 245 (halbstündlich) von Meran ins Ultental nach St. Gertraud. Die Rückfahrt von Kuppelwies nach St. Gertraud erfolgt ebenfalls mit der Buslinie 245.

Sie starten die Wanderung am P Parkplatz am Straßenrand von St. Gertraud, direkt vor der ersten Straßenkehre, in Richtung Weißbrunnsee.

⌘ Nationalparkhaus Lahnersäge

Das Nationalparkhaus Lahnersäge befindet sich in St. Gertraud neben dem Parkplatz. Das Haus beherbergt eine Dauerausstellung mit dem Thema „Der Wald als Wurzelwerk des Lebens". Am Haus befindet sich eine jahrhundertealte Venezianersäge. Der Werdegang des Holzes bis zum fertigen Brett wird beim Schauschneiden auf der Säge vorgeführt. Daneben gibt es noch eine alte Mühle, in der Getreide gemahlen wird. Zumindest nach der Wanderung sollten Sie das Haus besuchen.

♦ Lahnersäge, St. Gertraud Nr. 62, 39016 St. Gertraud, ☏ +39/04 73/79 81 23, www.nationalpark-stelvio.it/de/erleben/besucherzentren-des-nationalparks/lahnersaege.html, Di-Sa 9:30-12:30 und 14:30-17:30

Vom Parkplatz spazieren Sie an der Brücke nach rechts und dann gleich wieder nach links. Sie wandern mit der Markierung „Ultner Höfeweg, Urlärchen". Sie treffen auf eine Straße, der Sie nach halb rechts folgen. Auf dieser gehen Sie in Richtung Urlärchen. Zuerst passieren Sie auf der linken Seite den ✕ Hofschank Bei den Urlärchen.

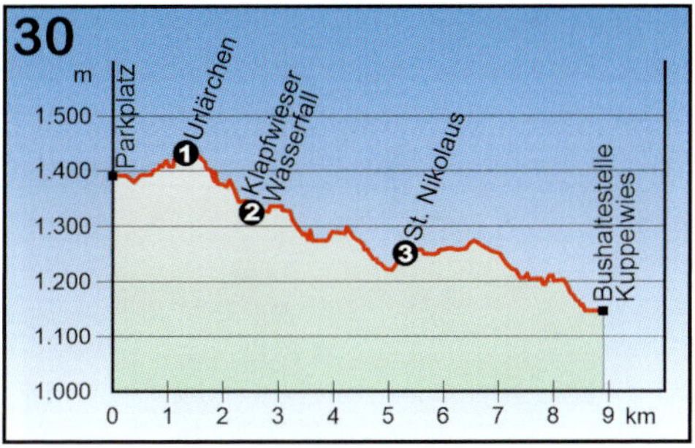

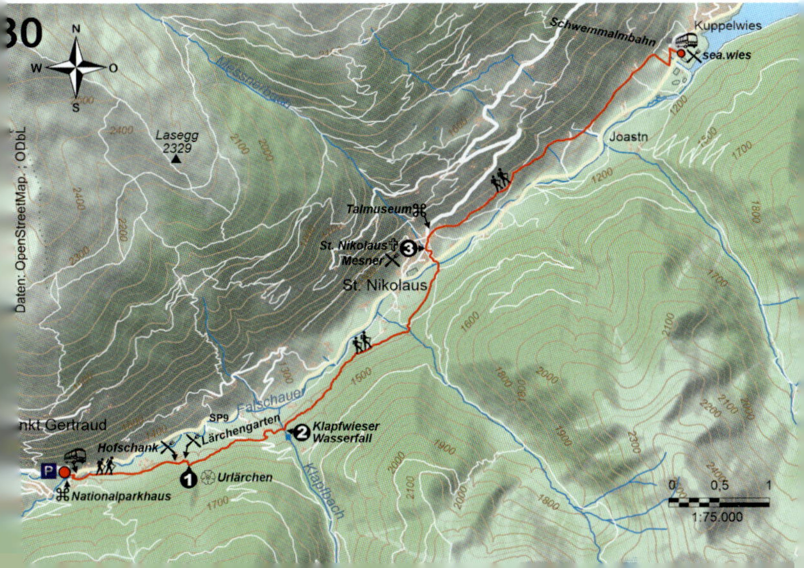

✕ Hofschank Bei den Urlärchen, ☏ +39/04 73/79 80 30, Di-Do 10:00-18:00, Sa & So 10:00-19:00, Mo & Fr geschlossen

Sie gehen weiter und erreichen nach bald das ✕ Restaurant Lärchengarten. Es befindet sich direkt unter den mächtigen Urlärchen ❶.

✕ Restaurant Lärchengarten, Ausserlahn 18B, 39016 Ulten, ☏ +39/04 73/79 80 11, 1. Mai bis 1. November Mo, Mi, Do 10:30-17:00, Fr-So 10:30-23:00

Die Urlärchen

Die größte Urlärche ist über 36 m hoch und hat einen Umfang von 7 m. Leider ist ihr Wipfel durch einen Blitzschlag verdorrt. Es ist unklar, wie alt die Bäume sind. Man vermutet aufgrund verschiedener Berechnungsverfahren, dass sie ein Alter von 850 Jahren haben und damit zu den ältesten Nadelbäumen Europas gehören. Sie stehen heute unter Naturschutz und zählen zum Weltnaturerbe. Die drei Bäume sind auch die Heimat von Fledermäusen und Mardern.

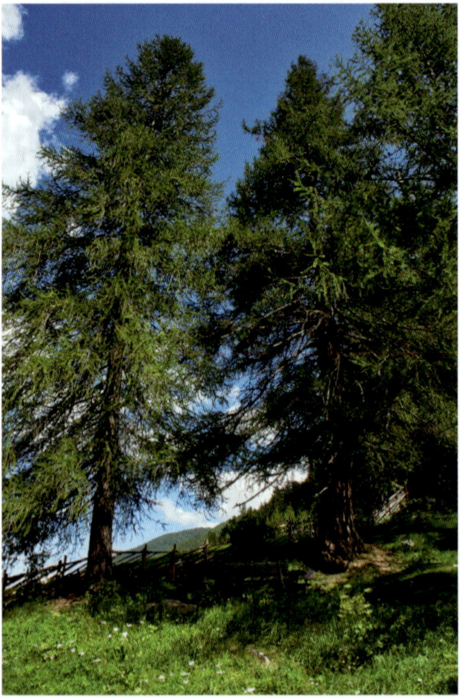

Die Ultner Urlärchen

Von den Urlärchen gehen Sie durch ein Gatter auf eine Wiese und wandern über diese bis zu einer Straße. Hier gehen Sie kurz nach rechts, biegen aber gleich wieder nach links ab. Die Straße bringt Sie hinunter zu einer T-Kreuzung. Hier wenden Sie sich nach rechts und wandern an ein paar Höfen vorbei. Der

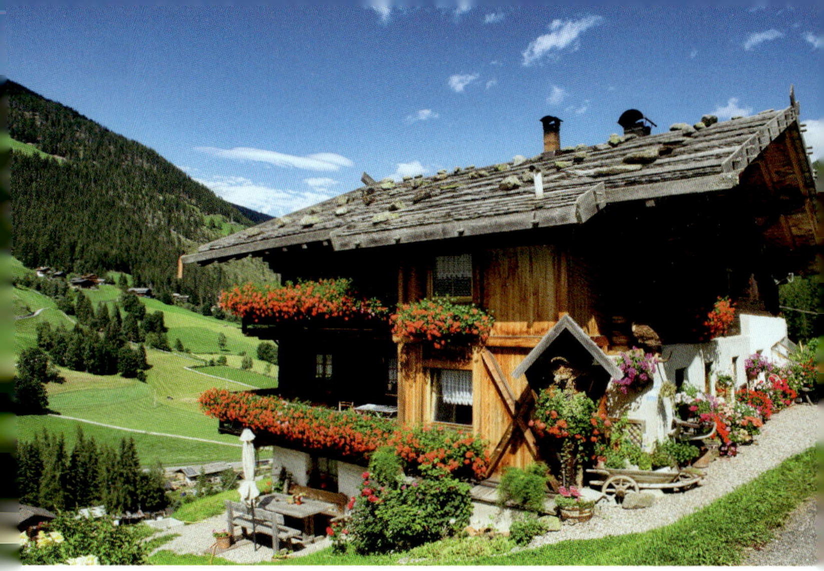

Schöne Bauernhöfe am Höfeweg

Weg bringt Sie nach links zum kleinen Klapfwieser Wasserfall ❷. Sie kommen an weiteren Höfen vorbei und plötzlich sehen Sie ein paar Buddhafiguren am Wegrand.

In einer Linkskurve gehen Sie geradeaus weiter und folgen einem Steig in den Wald hinein.

Durch diesen wandern Sie in Richtung St. Nikolaus, bis Sie auf eine Forststraße treffen. Hier gehen Sie nach links hinunter bis zur Brücke und weiter in den Ort ❸ hinein. Eigentlich wäre es jetzt schön, auf der anderen Talseite nach St. Gertraud zurückzuwandern. Leider ist der Weg wegen Schäden seit ein paar Jahren gesperrt. Daher bietet sich der Weiterweg nach Kuppelwies an. Wir empfehlen hier den Weg auf der nördlichen Talseite.

Sie können in St. Nikolaus im ✕ Gasthaus Mesner einkehren.

✕ Gasthaus Mesner, St. Nikolaus Nr. 59, 39016 Ulten, ☏ +39/04 73/79 01 44, 💻 www.waltershof.it, ✉ info@waltershof.it, 🚪 Di 15:00-23:00, Mi-Sa 7:30-23:00, So 7:30-15:00, Mo Ruhetag

✝ Pfarrkirche St. Nikolaus

Die Kirche wurde erstmals 1338 in einem Ablassbrief erwähnt. Sie besitzt einen neugotischen Flügelaltar mit schönen Figuren. Eine der Figuren stellt den

Kirchenpatron dar. Die neuromanischen Seitenaltäre stammen aus dem 18. Jahrhundert. Die Kirchentür wurde um 1900 von einem Grödner Schnitzer gefertigt.

Bevor Sie weitergehen, können Sie in St. Nikolaus noch das ⌘ Talmuseum besuchen.

↳ Um es zu besichtigen, macht man einen kurzen Abstecher vom Hauptweg und geht im Ort geradeaus.

⌘ Talmuseum

Das Talmuseum besteht aus sieben Räumen und bietet einen Einblick in das bäuerliche Kulturgut und Volkskunsthandwerk. Hier werden bäuerliche Geräte, Handwerksgegenstände, Schriften und weitere Exponate gezeigt. Das Gebäude wurde 1827 als Volksschule eröffnet und fand 1973 eine Wiedereröffnung als Ultener Talmuseum.

⌘ Ultener Talmuseum, St. Nikolaus Nr. 107, 39016 Ulten, ☏ +39/04 73/79 53 87, www.ultental-valdultimo.com/de/ultner-talmuseum.html, info@ultental.it, Öffnungszeiten am besten erfragen, Mai bis Oktober Di, Fr 11:00-12:00 und 15:00-17:00, So 10:00-12:00 und 15:00-17:00, Eintritt gegen freie Spende

Anschließend folgen Sie der Ausschilderung „Höfeweg“ in Richtung Kuppelwies. Sie wandern auf einem Sträßchen zwischen Häusern hindurch und passieren immer wieder schöne alte Höfe. Später wird die Teerstraße schmaler. Ohne Orientierungsprobleme wandern Sie gemütlich bis nach Kuppelwies zur Talstation der Seilbahn. Hier gibt es die Möglichkeit einer Einkehr in der ✕ sea.wies Bar. Direkt neben der Bar befindet sich die Bushaltestelle.

✕ sea.wies Bar, Kuppelwies, 39016 St. Walburg, ☏ +39/04 73/79 53 90, tgl. 8:00-19:00

Mit dem Bus fahren Sie zurück nach St. Gertraud.

31 Seen im hinteren Ultental

Tour für Liebhaber und Liebhaberinnen idyllischer Seeaugen

Im hintersten Ultental befindet sich der Weißbrunnsee. Er ist Teil des Kraftwerknetztes im Ultental. Vom großen Parkplatz am See führt eine schöne, idyllische Wanderung zum Langsee, der sich in märchenhafter Lage unter dem Kirchbergjoch befindet. Unterwegs kommen Sie noch an einem netten Seeauge vorbei. Im Abstieg passieren Sie die Fiechter Alm, in der Sie einkehren können.

- Start/Ziel: Parkplatz am Weißbrunnsee, GPS N 46°29.031' E 010°49.376'
- 10,1 km
- 4 Std.
- 619 m/619 m
- 1.877-2.369 m
- Rot-weiß markierte Wege mit guter Ausschilderung. Weg Nr. 103 bringt Sie zur Abzweigung vor dem Fischersee, auf Nr. 107 wandern Sie zum Langsee. Nr. 104 ist der Übergang über den Schmelzbichl und auf Nr. 101 wandern Sie über die Fiechter Alm zurück zum Stausee.
- Gute Steige, die bis zum Langsee leicht zu begehen sind. Der Übergang zur Fiechter Alm und der direkte Abstieg zum Weißbrunnsee sind steiler und daher mittelschwer.
- Einkehrmöglichkeit am Weißbrunnsee am Ausgangs- und Endpunkt im Berggasthaus zur Knödlmoidl sowie an der Fiechter Alm (km 8,7)
- Sitzmöglichkeiten am See im Gras (km 4), auf einer Bank am Schmelzbichl (km 7,1) und an der Alm (km 8,7)
- Der Weg ist für Kinder ab 10 Jahren gut zu begehen. Auf den Wiesen um die Almen weiden Kühe.
- Die Tour kann mit Hunden begangen werden, die auf den Almwiesen anzuleinen sind.
- P Parkplatz am Weißbrunnsee
- mit dem Bus Linie 245 (halbstündlich) von Meran ins Ultental nach St. Gertraud und ab St. Gertraud mit der Linie 243 (halbstündlich mit längerer Mittagspause) zum Weißbrunnsee

Vom **P** Parkplatz am Weißbrunnsee folgen Sie dem Weg Nr. 103. Sie wandern am Berggasthaus zur Knödlmoidl vorbei bis zu einer Wegteilung ❶. Der rechte Weg führt zur Höchster Hütte am Grünsee. Sie gehen aber nach links und spazieren auf dem schönen Pfad durch den Wald aufwärts bis zur nächsten Wegteilung. Hier zweigt nach links ein Weg über den Fischersee zur Fiechter Alm ab. Sie gehen aber geradeaus auf dem Weg Nr. 107 weiter.

Herrlich wandern Sie über eine plateauähnliche Fläche und gelangen zur nächsten Geländestufe. Über diese steigen Sie hinauf zur unbewirtschafteten Oberen Weißbrunnalm ❷. Hier liegt ein kleiner, idyllischer See. Sie halten einen Moment inne und genießen die Natur. Beeindruckend sind auch die Berge auf der anderen Talseite, die sich im See spiegeln. Nun beginnt der letzte Abschnitt bis zum Langsee.

Sie folgen dem leicht ansteigenden Weg über das weite, freie Gelände bis zu einer Wegteilung. Sie sind nun in der Nähe des Sees ❸ und können sich gemütlich ins Gras setzen. Natürlich lohnt auch der nahe, weglose Abstecher zum See, um die Pause dort zu machen. Sie bewundern die Landschaft, genießen aber auch die Ruhe, denn diese Ecke im hintersten Ultental ist nicht sehr überlaufen, sondern eher einsam.

Nach der Pause am See wandern Sie am Anstiegsweg zurück bis zur Oberen Weißbrunnalm. Hier biegen Sie nach rechts auf den Weg Nr. 104 ab. Dieser führt steil hinauf bis kurz unterhalb des höchsten Punktes des Schmelzbichls. An einer

Tiefblick zum Fischersee

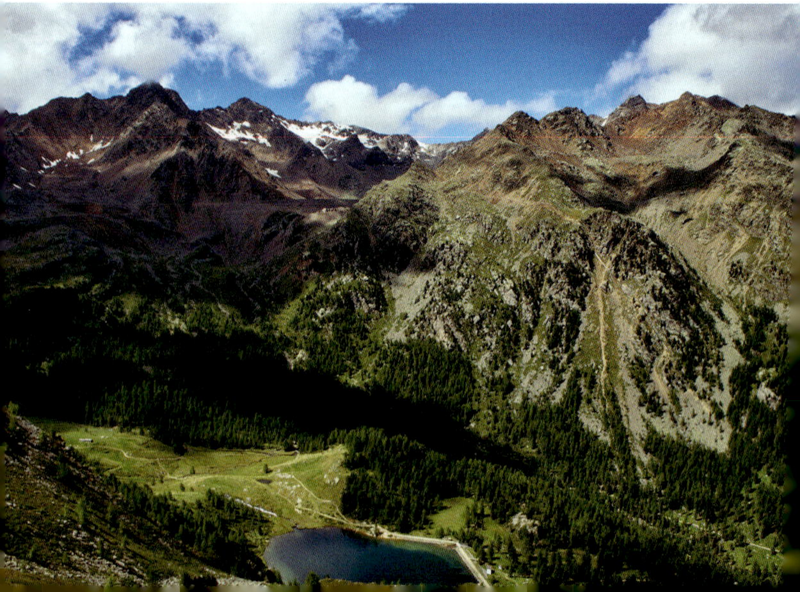

exponierten Stelle steht eine Bank ❹, die ein aussichtsreicher Rastplatz ist.

Nach der Pause auf der Bank steigen Sie am Weg Nr. 104 steil abwärts in ein Kar. In einem Bogen wandern Sie auf die andere Karseite bis zu einer weiteren Wegteilung. Hier gehen Sie nach links am kleinen Fiechtsee vorbei. Auch dieser bietet sich noch einmal für eine idyllische Rast an. Sie steigen wieder steil hinunter in Richtung Fiechter Alm. Kurz vor der Alm zweigt noch der Weg zum Fischersee ab. Sie gehen aber weiter zur Alm ❺, an der Sie sich endlich die verdiente Einkehr gönnen.

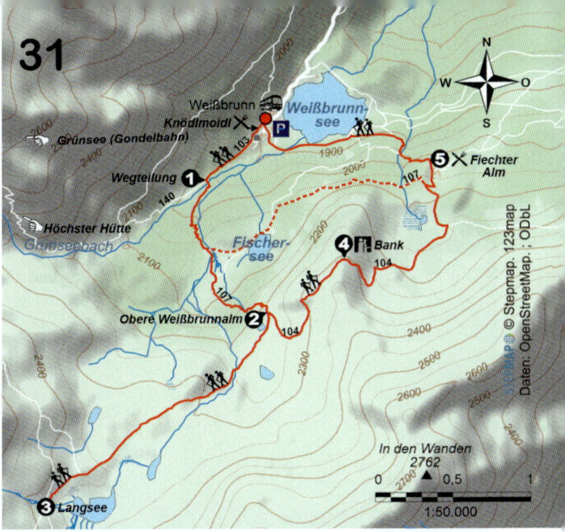

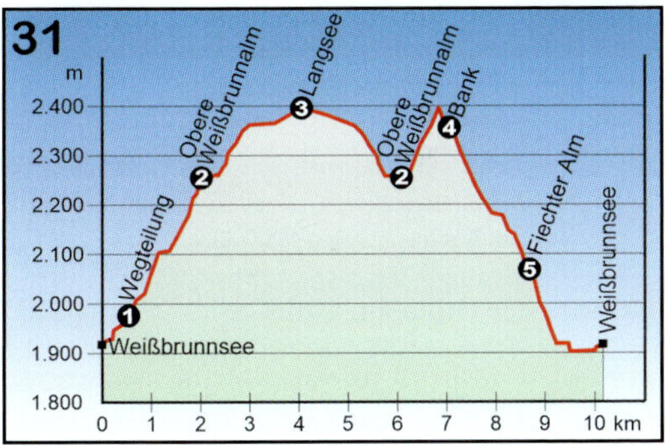

Fiechter Alm, 39016 Ulten, +39/348/750 75 02, www.fiechter-alm.it,
Anfang Mai bis Ende Oktober

Nach der gemütlichen Pause in der Alm können Sie auf direktem Weg hinunter zum Weißbrunnsee absteigen.

Flacherer Abstieg

Wem der direkte Abstieg zum Stausee zu steil ist, der kann auch mit einem kleinen Umweg flacher zum Parkplatz zurückwandern. Hierfür gehen Sie von der Alm ein paar Meter bergauf bis zur Wegteilung oberhalb von der Alm. Hier wenden Sie sich nach rechts und folgen dem Weg Nr. 107 zum Fischersee. Wenig später erreichen Sie die Wegteilung, die Sie vom Aufstieg kennen. Sie biegen nach rechts ab und spazieren auf gemütlichem Weg hinunter zum Weißbrunnsee.

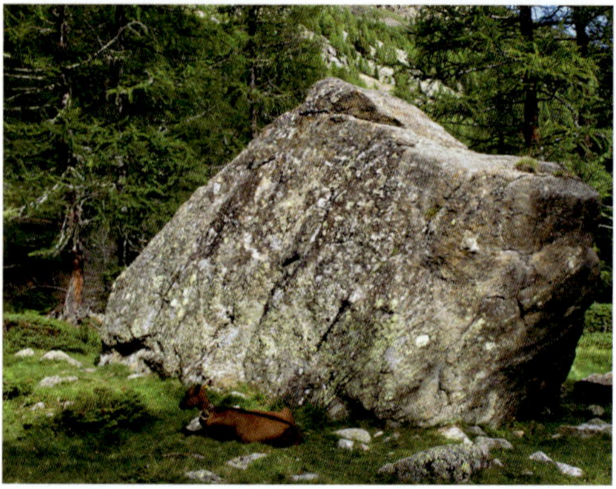

Gemütlich geht es in der Tierwelt zu

Der Steig führt in den Wald und durch diesen sehr steil bergab bis zur Schotterstraße, die am südlichen Ufer des Sees entlangführt. Auf dieser Straße wandern Sie nach links zum Parkplatz bzw. der Bushaltestelle. Am Stausee können Sie im ✕ Berggasthof zur Knödlmoidl einkehren und Südtiroler Hausmannskost genießen.

✕ Berggasthof zur Knödlmoidl, 39016 Ulten, ☏ +39/04 73/79 81 07, www.weissbrunn.com, info@weissbrunn.com, in den Sommermonaten 11:00-19:00

☺ Höchster Hütte am Grünsee

Ein weiteres lohnendes Wanderziel im hinteren Ultental ist die ✕ Höchster Hütte am Grünsee. Startpunkt der Wanderung ist ebenfalls der Weißbrunnsee. Sie wandern wie auf der Tour zum Langsee beschrieben bergauf bis zur ersten Wegteilung. Hier gehen Sie auf dem Weg Nr. 140 geradeaus weiter. Der Weg führt noch ein Stück taleinwärts und zieht dann steil über eine Geländekante bergauf. Die gemütliche Hütte liegt direkt am Ufer des hübsch gelegenen Stausees Grünsee, der 1963 entstanden ist. In diesem Zuge musste die Hütte an ihren heutigen Standort verlegt werden. Der Aufstieg zur Hütte dauert 2 Stunden (6,6 km, 683 Hm).

✕ Höchster Hütte am Grünsee, ☏ +39/04 73/79 81 20, www.rifugiocanziani.it, info@rifugiocanziani.it, Mitte Juni bis Ende Oktober

32 Auf die Laugenspitze

Tour für Liebhaberinnen und Liebhaber schneller Aussichtstouren

Wenn man in Hafling oberhalb von Meran auf die gegenüberliegende Talseite blickt, erscheint die Laugenspitze als mächtiger Gipfel. Kaum zu glauben, dass der Berg relativ einfach und durch den hohen Ausgangspunkt auch schnell bestiegen werden kann. Oben erwartet Sie durch die exponierte Lage eine großartige Aussicht.

⇆ Start/Ziel: Parkplatz Hofmahdjoch nach dem langen Tunnel entlang der Straße von St. Walburg nach Proveis, GPS N 46°30.246' E 011°02.396'

11,3 km

5 Std.

↑↓ 811 m/811 m

⇧ 1.692-2.430 m

Rot-weiß markierte Wege mit guter Ausschilderung. Der Weg Nr. 8 bringt Sie zur Aleralm, Nr. 133 zum Laugenjöchl und Nr. 8A zum Gipfel.

gute Steige, im unteren Teil nach Regen etwas feucht, Gipfelanstieg teilweise steil, aber nicht wirklich schwer

Einkehrmöglichkeit an der Aleralm (km 1,6 und 9,6)

Sitzmöglichkeiten an der Alm und am Gipfel (km 5,6). Unterwegs gibt es einige Felsen, auf denen Sie gemütlich sitzen können.

Der Weg ist für Kinder ab 10 Jahren gut zu begehen. Auf den Wiesen um die Almen weiden Kühe.

Die Tour kann mit Hunden begangen werden; sie sind auf den Almwiesen anzuleinen.

P Parkplatz Hofmahdjoch an der Straße nach Proveis

von Meran mit dem Bus Linie 245 (halbstündlich) ins Ultental bis nach St. Walburg, von dort mit der Linie 244 (nur eine Fahrt am Morgen) in Richtung Proveis, Bushaltestelle in der Nähe des Parkplatzes

Vom **P** Parkplatz Hofmahdjoch wandern Sie direkt über die Stufen hinauf zu einem Rücken. Dieser bringt Sie zu einem Waldstück, in dem Sie steil und anstrengend bergauf steigen. Sie verlassen den Wald und wandern über herrliche Almwiesen zu einer Schotterstraße. Die Wiesen sind nach Regen manchmal etwas feucht, weshalb Sie dann mit nassen Schuhen rechnen müssen. Links und rechts des Weges weiden Kühe, an denen Sie vorbeiwandern. Sie genießen hier bereits eine erste schöne Aussicht auf die umliegenden Berge.

An der Schotterstraße gehen Sie nach links und folgen dieser bis zur bewirtschafteten ✗ Aleralm ❶. Die hausgemachten Knödel und der Schokoladenkuchen sind sehr lecker. Bemerkenswert ist, dass auf der Alm nur Italienisch gesprochen wird. Die Orte am Deutschnonsberg orientierten sich lange Zeit eher nach Süden in Richtung Trentino, da sie von Meran im Norden nur schwer erreichbar waren. Zudem befindet sich hier oben an der Alm direkt die Grenze zum italienischen Sprachraum und der Region Trentino.

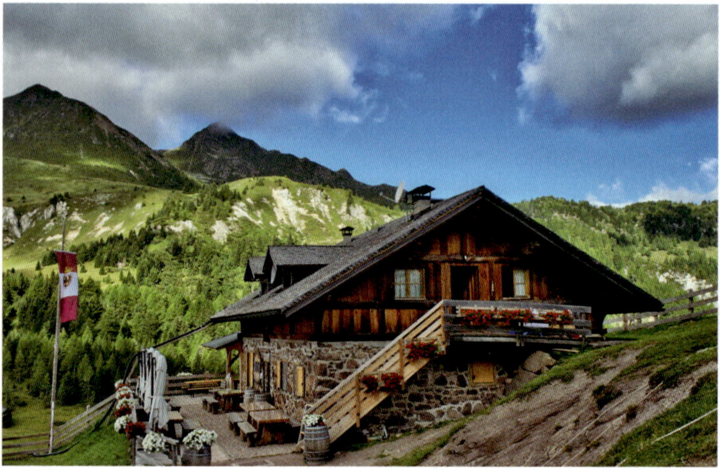

Die Aleralm

✗ Aleralm, 38020 Castelfondo, Juni bis September tgl.

Von der Alm nehmen Sie den Weg Nr. 133, der in den Wald eintaucht. Sie wandern aufwärts und gelangen wieder in freieres Gelände. Der Steig führt über plattige Felsen und mit jedem Höhenmeter wird die Aussicht großartiger. Im Westen erhebt sich der Kornigl als mächtiger Gipfel. Auch die Laugenspitze, Ihr Ziel, sehen Sie bald vor sich. Der Steig verflacht nun deutlich. Sie umwandern einen Aufschwung und gehen weiter auf dem Steig ins Laugenjöchl ❷. Die Abzweigung nach links ignorieren Sie und wandern immer geradeaus in Richtung Laugenspitze.

Der Weg wird nun immer steiler und schlängelt sich in vielen Serpentinen über die Westflanke bergauf. Sie erreichen den Südwestgrat der Laugenspitze. Üb